Günter Balders

Theurer Bruder Oncken

Das Leben Johann Gerhard Onckens
in Bildern und Dokumenten

ONCKEN VERLAG WUPPERTAL UND KASSEL

© 1978 by Oncken Verlag Wuppertal und Kassel
Umschlaggestaltung: Ralf Rudolph, Ratingen
Gesamtherstellung: Breklumer Druckerei Manfred Siegel

ISBN 3-7893-7871-

Inhalt

»Der arme Knabe« in Varel

Die Evangelisch-Freikirchliche Gemeinde des kleinen Städtchens Varel im Oldenburger Land versammelt sich in der Johann-Gerhard-Oncken-Straße. Denn Johann Gerhard Oncken wurde am 26. Januar 1800 in Varel geboren. Das Taufregister der lutherischen Kirche meldet:

> »31. Januar 1800.
> Anna Elisabet Vaubel's
> des Johann Vaubel, Perückenmachers in Varel, Tochter,
> Sohn Johann Gerhard (geb. 26. 1. 1800.)
> (Paten) Johann Vaubel, der Geschwächten Vater,
> Gesche Margrete, des Gerd Oeltjen Schmidt's Varel Ehefrau.«

Der Pastor, der die Taufe vollzog, fügte hinzu:

> »Nota: In einem Privatschreiben an mich aus London erklärte H.(err) Gerhard Oncken aus Varel sich als Vater zu diesem Kinde.«

Hinter dieser kurzen Notiz verbirgt sich das ganze Elend einer dunklen Kindheit. Als uneheliches Kind wuchs Johann Gerhard Oncken nicht in einer heilen Familie auf. Seinen Vater hat er wahrscheinlich überhaupt nie kennengelernt. Gerhard Oncken hatte sich nämlich, aus welchen Gründen auch immer, schon vor der Geburt seines Sohnes nach England begeben, wo sich seine Spur verliert. Die Erziehung des Jungen scheint in den Händen der Großmutter gelegen zu haben. Johann Gerhard Oncken berichtet im Alter über sie:

> »Da meine liebe Großmutter mich oft allein nahm, meine Hände an ihr Herz drückte, dabei bitterlich weinte und betete und an den Sonntagen, nachdem sie mich angekleidet, den alttestamentlichen Segen über mich aussprach, so gebe ich mich der Hoffnung hin, daß sie unter dem Einfluß des Heiligen Geistes stand.«

Und er fährt fort:

> »Ein Schneider nahm mich des Sonntags regelmäßig mit zur Kirche; er wurde ›de hillige Snieder‹ (der heilige Schneider) genannt. Ich habe häufig auf meine Weise gebetet. Wenn ich dumme Streiche gemacht hatte und in Angst war, versprach ich Besserung; aber es wurde nichts daraus, es wurde stets wieder Obst gestohlen.«

Johann Gerhard Onckens Geburtshaus stand in Varel an der Langen Straße. Es hat viel Not gesehen. Nicht nur, daß 1807 der Großvater Vaubel im Alter von 59 Jahren starb und die Großmutter nun sehen mußte, wie sie die beiden noch bei ihr lebenden Töchter versorgen sollte. Johann Gerhards Mutter Anna Elisabet Vaubel vergrößerte den Kummer der Witwe dadurch, daß sie sich mit einem anderen Mann einließ und 1808 erneut von einem unehelichen Sohn entbunden wurde. Während dieser Halbbruder Johann Gerhards nicht im Hause blieb, lebte Oncken weiterhin im Haushalt der Großmutter. Doch mußte »der arme Knabe aus der Armenkasse ernährt« werden. So berichtet das von der damaligen französischen Besatzungsmacht angelegte Einwohnerverzeichnis.

Onckens Geburtshaus in Varel

Mitten in Varel steht die lutherische Kirche. Oncken erinnert sich:

>»Meine Schuljahre fielen in eine Zeit, wo der Unglaube in voller Blüte stand, so daß ich von meinen drei Schullehrern und dem lutherischen Pastor, bei welchem ich meinen Religionsunterricht erhielt, kein wahres Wort gehört habe über den Weg zur Seligkeit durch den Glauben an Christus und sein vollbrachtes Erlösungswerk. In meinem vierzehnten Jahre wurde ich nach der in der lutherischen Kirche üblichen Sitte konfirmiert und durch diese Zeremonie in die Zahl der von der Kirche sogenannten ›reiferen Christen‹ aufgenommen. Der Pastor war ein bedeutender Kanzelredner und verstand es, bei dieser Gelegenheit die Herzen weich zu machen. Ich beschloß, gut wie ein Engel zu werden, wenn es solche gebe. Am Sonntag darauf ging ich zum Abendmahl. Ich selbst fühlte in mir eine Sehnsucht und ein ernstes Verlangen nach etwas Höherem und Besserem, als das, was das Kind gewöhnlich befriedigt, und hatte die gewaltigsten inneren Kämpfe, wenn ich zur Sünde verführt ward; aber nirgends wurde von außen diese Sehnsucht gepflegt, weil in der Schule alles andere gelehrt wurde, nur nicht der Weg zur Seligkeit durch Christus.«

»Der arme Knabe« Johann Gerhard Oncken machte sich nun bei Verwandten im Gasthof »Zum weißen Roß« nützlich, dem späteren »Victoria Hotel«, und zwar als »Marqueur à billards«. Nimmt man dies wörtlich, so verbirgt sich dahinter die schlichte Aufgabe, die Punkte der Billardspieler zu notieren. Treffender erscheint aber die freie Übersetzung »Kellner«, um J.G. Onckens Tätigkeit zu charakterisieren. Jedenfalls konnte er in seiner Jugendzeit keinen Beruf erlernen. Dafür nahm ihn Gott in die Lehre.

Als Diener eines Kaufmanns in Schottland und England

Am 30. Mai 1814 wurde der Erste Pariser Friede geschlossen. Damit war die Zeit der napoleonischen Herrschaft über Europa so gut wie beendet. Zu Ende ging auch das blühende Schmuggelgeschäft an der Nordseeküste, das durch Napoleons Versuch ausgelöst worden war, England vom Kontinent wirtschaftlich abzuschneiden. Die Engländer hatten daraufhin die vorgelagerte, zu Dänemark gehörende Insel Helgoland besetzt. Ein Zeitgenosse berichtet:

> »Helgoland wurde das Eldorado eines immensen Schleichhandels, welcher Bonapartes Kontinentalsperre verspottete; Helgoland hieß Klein-London. Die größten Handelshäuser Englands, Hollands und Deutschlands hatten dort Kontore; Handelsabenteurer ohne Zahl trieben sich herum. Ohne Beispiel in der Geschichte liefen auf dem kleinen Flecken täglich drei- bis vierhundert Schiffe ein.«

Der junge schottische Kaufmann John Walker Anderson kam nun von Helgoland in das Hafenstädtchen Varel herüber, um ausgebliebene Gelder einzutreiben. Er logierte im »Weißen Roß«. Der Kapitän, der die Waren seinerzeit herübergeschmuggelt hatte, war ebenso wie der Kaufmann ein Bekannter von Onckens Vater. Er stellt den jungen Oncken dem Kaufmann vor, der ihn fortan als Bediensteten beschäftigt. Denn »aus diesem Jungen will ich einen Mann machen«.

Helgoland von der Sandinsel gesehen
Lithographie von Cornelius Suhr. Um 1830

Im Sommer 1814 machte sich der Kaufmann John Walker Anderson
in der als letzte von den Franzosen geräumten Stadt Hamburg selbständig und ließ im Juli Oncken nach dort kommen. Oncken erzählt:

»Bald nach meiner Ankunft fragte er: ›Junge, hast du auch eine Bibel?‹
›Nein‹, sagte ich, ›ich bin ja konfirmiert.‹ Er ging dann mit mir zu einem
Buchbinder in der Deichstraße und kaufte mir eine Bibel, obgleich er
selbst nie in der Bibel las. Leider waren meine Geistesaugen noch verschlossen für den Schatz aller Schätze. Im Hochsommer desselben Jahres
reiste ich mit ihm nach Schottland. Dort in dem Seehafen Leith sah ich
zuerst den Ausdruck wahrer Gottesfurcht von dem ganzen Volke in der
Sabbatfeier (Sonntagsheiligung), wovon wir uns in Deutschland keine
Vorstellung machen können. Der Kaufmann schickte mich auch noch in
die Schule; aber damit war es nicht weit her, denn nach sechs Wochen
mußte ich (wohl wegen des höheren Alters) eine Art Unterlehrer spielen.
Eines Tages, als ich aus der Schule fortging, riefen die Kinder hinter mir
her: ›Foreigner, foreigner (Ausländer)!‹ Ich schmiß einem Jungen etwas
an den Kopf, und mit der Schule war es aus.

Die liebe Mutter dieses Kaufmanns nahm mich regelmäßig mit in den
Gottesdienst der schottischen Presbyterialkirche, und obgleich ich noch
keine Umwandlung des Herzens erfahren hatte, so übte die Teilnahme
am öffentlichen Gottesdienst doch einen mächtigen Einfluß auf mich aus,
so daß ich vor vielen Sünden bewahrt blieb.«

11

Die Mutter Anderson scheint übrigens der Reformed Presbyterian Church angehört zu haben. So lernte Oncken etwa fünf Jahre lang das Leben in einer Gemeinde kennen, die einerseits das calvinistische Erbe nicht verleugnete, andererseits sich im Zuge der schottischen Erweckungsbewegung von der Staatskirche gelöst hatte und freikirchliche Prinzipien vertrat. Beide Einflüsse treten später in Onkkens eigenen Anschauungen wieder hervor. Ein wichtiger Glaubensgedanke der Reformierten besteht darin, daß Gott mit den Seinen einen Bund geschlossen hat, anknüpfend an seinen Bund mit Israel, daß das Abendmahl ein Zeichen dieses Bundes ist und daß Christsein heißt, miteinander diesem Bund Gottes verpflichtet zu sein. Diesen Punkt hat Oncken später übernommen.

Für Onckens innere Entwicklung dürfte die Bekanntschaft einiger Christen noch bedeutungsvoller gewesen sein als der reformierte Gottesdienst. So schenkte ihm noch in Leith eine einfache Frau ein Büchlein mit Andachten über Grabinschriften (»Meditations Among the Tombs« von Hervey)! Inmitten des rastlosen Lebens als Gehilfe seines herumreisenden Herrn öffnete sich ihm durch das Büchlein ein sicher nicht alltäglicher Weg, zur Ruhe zu kommen.

»Das Lesen dieses Buches gereichte mir durch den Einfluß des Heiligen Geistes zum bleibenden Segen; es erzeugte zunächst einen unbeschreiblichen Ernst in meiner Seele, und wohin ich reise in England und Schott-

Leith in Schottland. Zeichnung von Mary Stewart 1822. Lithographie von W. Westall

land, da wurde die erste Mußestunde damit ausgefüllt, daß ich zu den Kirchhöfen ging und mir von den Grabsteinen ansprechende poetische Inschriften kopierte.«

Im Jahre 1819 verlegten der Kaufmann Anderson und Oncken ihr Standquartier nach London. Die Weltstadt brachte für den jungen Mann Gefahren verschiedener Art. So fiel Oncken ungeschickterweise gleich bei seiner Ankunft von der Postkutsche herunter; man zog den aus Mund und Nase blutenden Fahrgast schnell auf den Bürgersteig, sonst wäre er auf dem belebten Piccadilly wohl noch überfahren worden. Auch sonst wäre er bald darauf beinahe »unter die Räder« gekommen. In einem seiner Briefe lesen wir:

»Als ich in London angelangt war, kam ich mit ausgelassenen jungen Leuten in Berührung, die in demselben Hause, in dem ich wohnte, logierten, und alle meine guten Vorsätze wurden erstickt.«

Woher kamen die guten Vorsätze? Oncken wohnte bei einer Familie,

»in der die Hausmutter nebst einer jungen Dame, einer Freundin derselben, dem Reiche Gottes nicht fernstanden, die auf mich einen wohltuenden religiösen Einfluß ausübten.«

Aber er fährt fort:

»Indes, obgleich ich fortwährend und regelmäßig betete und mich bestrebte, fromm zu sein, so fehlte mir dennoch alles, was zum wahren Christentum gehört, die Erkenntnis meiner selbst als eines verlorenen Sünders und die Erkenntnis Christi und seines vollbrachten Werkes.«

»Im Sommer 1820 wurde ich durch Gottes besondere Führung in das Haus eines lieben, gläubigen Ehepaares geführt, welches in Blackheath, unweit Greenwich, wohnte. Der Mann war Diakon einer Independenten-Gemeinde in Greenwich. Ich sang weltliche Lieder. ›My young friend‹, sagte er, ›would it not be far better, if you would use your voice for the praise of God?‹ (Mein junger Freund, wäre es nicht viel besser, wenn Sie Ihre Stimme zum Preise Gottes gebrauchten?) Ich sang dann nicht mehr. Ich wurde von demselben dann eingeladen, am Familiengottesdienst teilzunehmen, wovon ich bis dahin weder etwas gehört noch gesehen hatte. Ich machte die äußere Form, das Knien vor dem Stuhl, mit. Ich wurde bald gefesselt durch das schöne, eindringliche Gebet des Hausvaters, erstaunte aber über die Maßen, als ich, meinen Ohren kaum trauend, hörte, daß er besonders auch für mich betete. Da ein jeder vor seinem Stuhl hingekniet war, so dachte ich, der liebe Hausvater habe sein Gebetbuch vor sich liegen; daher mein Erstaunen, denn das konnte doch unmöglich in dem Buche stehen. Seine Worte – er bat den Herrn um meine Bekehrung, damit ich nicht ewig verloren gehe – ergriffen mich auf das Gewaltigste. Ein heiliger, tiefer Ernst bemächtigte sich meiner, und da ich anfing, regelmäßig mit dem lieben Hausvater und seiner Gattin den öffentlichen Gottesdienst in der Independenten-Kapelle zu besuchen, in welcher damals ein treuer Gottesmann namens H.B. Jeula das Evangelium in Beweisung des heiligen Geistes und der Kraft verkündigte, so wurde das Leben aus Gott in mir genährt und gepflegt.«

Wir kennen nicht mit Sicherheit den Namen des Hausvaters. In seinen handschriftlichen Erinnerungen spricht Oncken nur von einem Mr. C. – Handelt es sich um den Diakon Collingwood, wie Onckens Biograph Hans Luckey meinte? Oder ist es eher R.S. Cotman, den Oncken achtzehn Jahre später auf einer Englandreise in Blackheath

Blackheath

besucht, nun selber ein überzeugter Christ und schon ein geistlicher Vater für viele andere? Doch die Namen als solche sind nicht von Bedeutung. Wohl aber verstehen wir Onckens Ausruf über England: »Gesegnetes Land, wo es viele gibt, die Gottes Gebote halten und den Herrn lieben.«

In Gottes Dienst gestellt

Ende September 1820 kehrt Oncken nach London zurück. Diesmal wohnt er in einem Hotel, dem London Coffee House der Mrs. Dallimore. Das große Gebäude an der Straße Ludgate Hill steht noch und beherbergt heute Ye Olde London Tavern. Onckens neue Gewohnheit, regelmäßig zum Gottesdienst zu gehen, führte ihn nun nicht in die nahegelegene berühmte St. Pauls Kathedrale der Kirche von England, sondern in eine auch nicht weit entfernte Methodistenkirche. Darüber erzählte er später:

> »Als ich mich wieder eine Zeitlang in London aufhielt, besuchte ich häufig den öffentlichen Gottesdienst der Methodisten in der Great Queen

Great Queen Street
in London

Street. Ich wußte damals nämlich noch nichts von den Differenzen in Lehrpunkten unter den verschiedenen Denominationen. In dieser Methodisten-Kapelle hörte ich eine ausgezeichnete Predigt über den trostreichen Text Römer 8,1, die mich in die herrliche Freiheit der Kinder Gottes versetzte. Der Schöpfer meines neuen Lebens legte einen reichen Segen auf dieses Zeugnis, daß ich von der Kapelle jauchzend und unaussprechlich glücklich heimging.«

Es ist unbekannt geblieben, wer die Predigt gehalten hat, durch die Oncken zu dieser Gewißheit des Glaubens kam: »So gibt es nun keine

Verdammnis für die, die in Christus Jesus sind.« Wohl aber wissen wir, daß er selbst seitdem alles daran setzte, anderen das Heil in Jesus Christus nahezubringen, durch Gebet, persönliches Zeugnis, Briefe und das Verteilen von Traktaten.

»Sowie ich Frieden hatte mit Gott durch die süße Gewißheit, daß alle meine Sünden vergeben seien und ich sein Kind und Eigentum sei, so machte sich auch fortan der Zeugengeist von Christus und seinem vollbrachten Werke und seiner Liebe zu den Sündern bei mir geltend. Ich konnte die Seligkeit, die unaussprechliche Freude und die süße Gewißheit meines vollen Anteils an Christus hier und in der endlosen Herrlichkeit jenseits nicht in mir bergen; und von dem Tage an wurde ich ein Zeuge, wenn auch nur ein schwacher, von seiner Sünderliebe und von der Freiheit und Allmacht seiner Gnade.«

Im Nachlaß Onckens finden sich einige unscheinbare Briefe, drei darunter – in schönstem Pidgin-Englisch geschrieben – von einem Abraham Sylva und einen fast nur aus Bibelstellen bestehenden Brief eines David Bethune. Was hat den Empfänger bewogen, sie sorgsam zu verwahren? Folgen wir Onckens eigener Schilderung:

»In der Aufnahme meiner mündlichen und schriftlichen Zeugnisse vom Herrn wurde ich jedoch, mit geringer Ausnahme, sehr getäuscht, welches ich damals in meiner ersten Liebe nicht begreifen konnte. In den meisten Fällen schien meine Arbeit verloren zu sein; aber in dem Hotel der Mrs. Dallimore, London Coffee House, Ludgate Hill, schenkte mir der Herr, da ich der Aufmunterung bedurfte, die erste Frucht meiner jugendlichen Zeugnisse. Dies war ein junger Mulatte, 15 oder 16 Jahre alt, namens Abraham Sylva, der Diener eines amerikanischen Kaufmanns, der dem Trunke stark ergeben war und in diesem Hotel logierte. Nachdem ich diesem lieben Knaben klar zu machen gesucht hatte, daß wir alle Sünder sind und als solche der ewigen Verdammnis anheimfallen müssen, welches er alles mit tiefem Ernst und gespannter Aufmerksamkeit anhörte, sagte ich ihm alles, was ich selbst von Christo und seinem vollbrachten Erlösungswerke und von seiner Sünderliebe aus dem Worte Gottes erkannt und an meinem eignen Herzen erfahren hatte. Und siehe da, der Herr erhörte die Seufzer des jugendlichen Zeugen seiner ewigen Wahrheit; denn nach etlichen Tagen erquickte mein Ohr sich an der einen großen Frage, welche allein Bedeutung hat: Was muß ich tun, daß ich selig werde? Oder wie er in gebrochenem Englisch sprach: ›Massa, what must me do to be saved?‹ In der Theologie war ich aus seliger Erfahrung so weit vorgeschritten, daß ich nicht an mein Gehirn zu appellieren hatte; mein Herz hatte die Antwort fertig und ich rief freudig aus: ›Glaube an den Herrn Jesum, so wirst du selig.‹ Und gelobt sei der Name des Herrn, nach einem kurzen Zwischenraum freute er sich mit unaussprechlicher Freude, durch kindlichen Glauben an Christum und sein vergossenes Blut Vergebung aller seiner Sünden gefunden zu haben.

Unter den Dienstboten in diesem großen Hotel wurde es mir auch vergönnt durch die Frau Wirtin, von dem Heiland zeugen zu können. Ich hatte regelmäßige Zusammenkünfte zur Betrachtung und Auslegung der Heiligen Schrift, wie zum Gebet. Ein lieber Gottesmann aus Afrika, namens David Bethune, hatte dazu den Weg geebnet, indem er durch seinen gottseligen Wandel und sein mündliches Zeugnis einen gewaltigen, wohltuenden Eindruck gemacht hatte, nicht allein auf die Frau Wirtin, sondern auch auf viele der Dienstboten, von denen zwei, Charlotte und Mary, durch sein Zeugnis zum Glauben gebracht wurden. Nachdem ich von London abgereist war, unterhielt ich noch eine geraume Zeit einen interessanten Briefwechsel mit mehreren dieser Dienstboten, in welchem ich in sie drang, durch regelmäßige Benutzung der ihnen zu Gebote stehenden Gnadenmittel Fleiß anzuwenden, ihrer Berufung und Erwählung gewiß zu werden.«

Hier nun ein Zitat aus dem Brief des Abraham Sylva vom 27. November 1820.

»Sarey Channel, den 27. Nov. 1820.
Teurer Freund,
Ich habe die Gelegenheit Euch zu schreiben, um Euch wissen zu lassen, daß wir vor morgen früh nicht gehen können. Wenn ich wüßte, daß das der Fall wäre, würde ich mich sehr freuen, mit Euch den Sabbath zu verbringen. Ich hätte mich sehr gefreut, gestern abend ans Land gekommen zu sein, aber ich hatte kein Geld, um das Boot zu bezahlen. Lieber Sir, bitte empfehlt mich meinem Freund.

Lieber Sir,
Ich wollte gestern abend gehen, aber es war keine Kirche. Ich lese die Bibel bis neun Uhr und finde immer mehr Freude in jenem gesegneten Buch. Lieber Sir, ich danke Euch, daß Ihr mich den rechten Weg lehrtet, dem Herrn Eurem Gott zu dienen. Mein Vater und meine Mutter lehrten mich nicht Euren Weg. Lieber Sir, ich hoffe, Gott wird Euch segnen.
                    Dein ergebener Freund.«

Am 19. Januar 1821 schreibt Abraham Sylva – aus schwerer Seenot errettet – aus Madeira.

> »Madeira, den 19. Januar 1821
>
> Mein teurer Freund,
>
> Die gesegnete Hand Gottes führte uns in dieses Land der Lebenden. Ich möchte mich wirklich dankbar dem Herrn gegenüber fühlen, weil seine gute Hand uns vor der Tiefe des Meeres bewahrt hat.
>
> Lieber Gerhard, wie traurig fühle ich mich wegen meiner armen Mutter und Geschwister unter den Heiden in Ost-Indien. Die Heiden fürchten weder Gott noch die Hölle. Sie kennen weder Himmel noch Hölle noch in welcher Gefahr ihre Seelen stehen. Ich hoffe, daß sie sich zum lebendigen Gott hin bekehren werden und nicht zum Gott des Goldes und des Silbers. Denn sie haben einen Mund, aber sie reden nicht. Sie haben ein Ohr, aber sie hören nicht. Ein Auge haben sie, aber es sieht nicht, noch reden sie die Wahrheit.
>
> Lieber Sir, ich werde zu Gott beten und am letzten Tag meines Lebens ihm vertrauen. Ich gebrauche immer noch jene zwei gesegnete Gebete Tag und Nacht. Ich hoffe, daß Gott aus seiner großen Barmherzigkeit mich durch Jesus Christus erhören wird.
>
> Jetzt werde ich den Brief schließen und Euch verlassen. Bitte verzeiht meine Schrift. Ich hoffe bald von Euch zu hören, bei Herrn Pottas South, Fourth Street, Philadelphia.
>
> Ich verbleibe Euer ergebener Freund,
> Abraham Sylva.«

Auch mit seinen Verwandten und Bekannten in der Heimat nahm Oncken nach seiner Bekehrung sogleich Kontakt auf.

Vom November 1822 bis zum Mai 1823 finden wir ihn in Hamburg. Dort hielt sich der Kaufmann Anderson regelmäßig auf und hatte sogar 1818 das Hamburger Bürgerrecht erworben. Von dort antwortet Oncken nun auf einen Brief seiner Mutter Elisabet Vaubel. Wegen seines langen Englandaufenthaltes und vielleicht auch durch das Plattdeutsch seiner Kindertage ist die Sprache in diesem Jugendbrief voller Fehler. Ganz abgesehen davon, daß die strengen Regeln der deutschen Rechtschreibung nach Konrad Duden damals noch nicht galten. Einer Sitte der Zeit gemäß schrieb Oncken auch, als er feststellen muß, daß das Papier nicht reichen wird, noch einen Absatz quer über einen anderen hinweg, was die Entzifferung des Briefes zu-

Briefe von
Abraham Sylvia
und
David Bethune

sätzlich erschwert. Er verwendet die deutsche Schrift und hebt nur einzelne Wörter durch lateinische Buchstaben hervor. Diese aber geben einen vorzüglichen Leitfaden für den Inhalt des Schreibens. Der ganze Brief ist eine einzige Erweckungspredigt. Onckens Besuche in den Versammlungen der Methodistenkirche sind auch in dieser Hinsicht nicht ohne Wirkung geblieben. Hier einige Auszüge, sprachlich ein wenig geglättet:

»E.V.
Janr. 21. 1823
J.G.O.

                                      Hamburg, den 21sten Janr. 1823

Meine Theuerste Mutter!
Ihren letzten Brief vom 23ten Decbr. habe ich richtig erhalten und was darinnen enthalten ist, hat mir viel Freude verursacht. Meine liebe Mutter muß nicht denken, daß Nicht-Erinnerung an Sie oder meine liebe Großmutter die Ursache meines so langen Stillschweigens gewesen ist, nein, o nein, das sey ferne von mir, denn solange noch ein Athem in mir ist, sollen auch Sie, meine liebe Großmutter, ja alle meine lieben Verwandten nicht vergessen werden in den allerbesten, allerwichtigsten Stunden meines irdischen Lebens, nämlich im *Gebet zu Gott*. Und ich

hoffe, daß der Allerhöchste meine innigsten Gebete um *Christus Jesus*, seines geliebten Sohnes willen erhören und zu seiner eigenen Zeit beantworten werde.

O Himmlischer Vater, laß die Zeit recht bald kommen, um deines eigenen heiligen Namens willen, daß meine Mutter, Großmutter und Ver-

Brief Onckens an seine Mutter. 1823

wandten durch deinen heiligen *Geist* so von ihren Sünden überzeugt sind, daß sie alle Thränen der innigsten Herzensreue darüber vergießen, sich vor Gott demütigen und ihre wirkliche Zuflucht zu ihm nehmen, dessen Blut von allen Sünden reinigt und einen *Ewigen Bund* mit Dir, ihrem erzürnten Gott, durch *Christo* machen, der nie gebrochen werden soll. *Amen.*

Vielleicht (ach, ich befürchte es) sind einige unter euch, die da sagen werden, wenn sie meinen Brief lesen, ›*Gerhard* spricht zu viel von der *Religion*‹, vielleicht sogar, ›er ist oder er wird ja wohl wahnsinnig‹. Ist das der Fall, o so wisset, daß ich Euch von Herzen bedaure. . . .

O wer *Jesus* recht liebt, – nicht wie alles, alles andere –, der ist ein Kind von den Seinen, und wenn wir nicht sein sind, so gehören wir seinem *Feinde*, welches ist der *Teufel*, der Geist der Unwahrheit, der jetzt in den Kindern des Widerwillens gegen *Gott* wirkt. . . .

Meine liebe Mutter, meine lieben Verwandten, ich sage mit dem großen *Apostel St. Paul*, als er an eine von seinen Kirchen schrieb, ›ich sage die *Wahrheit* und *lüge* nicht‹. Glaubt Ihr wirklich, daß das *Alte und Neue Testament Gottes Wort ist*, so seht zu, ob meine Worte mit des *Herrn Wort* überstimmen, wenn nicht, so glaubet es nicht. Wenn ihr daher auch meine Worte nicht hören wollt, so hört auf des Herrn Wort. O, ich bitte Euch bei der Liebe, die *Christus* gegen eine gefallene, verdorbene Welt erzeigt hat, indem er für sie den allerschmerzvollsten Tod am Kreuz starb, ich bitte Euch um Eurer theuren Seelen willen, um die Freuden des Himmels und um die unaussprechlichen Qualen der Hölle, leset Eure *Bibeln,* machet Euch bekannt mit *Gottes Plan* für unsere *Seligkeit* und gebt *Gott* keine *Ruhe* mit Beten und Flehen, bis er sich Euer *erbarmet* und Euch in *Christo* annimmt als Seine Kinder, alsdann werden *Engel im Himmel* sich mit mir freuen und *Gott* die *Ehre* Eurer *Bekehrung* geben. Unsere Seligkeit muß hier ihren Anfang nehmen, und sie nimmt ihren Anfang in den Herzen derjenigen, die von neuem geboren sind und die die himmlische Gabe des Heiligen Geistes empfangen haben.

Ich kann meinem Gott nicht dankbar genug sein für alle seine großen Wohltaten, die ich von seiner Hand empfange und empfangen habe. Ich habe das große Vergnügen, gewöhnlich zweimal jeden *Sonntag* nach der *Englisch(-reformierten) Kirche* zu gehen wie auch manchmal in der Woche. An den lieben *Prediger*, den ich hier höre, hatte ich einen Empfehlungsbrief von einem von seinen Freunden in *England*. Er nahm mich mit aller Freundlichkeit auf, so wie auch seine liebe Frau. Vor acht oder zehn Tagen habe ich beinahe zwei Stunden bei diesen heiligen Leuten in *Christlicher* Unterhaltung zugebracht. O wie erquickend war es hier meiner Seele.

Hamburg ist ein zweites *Sodom*. Tausende zu meiner Rechten und zu meiner Linken gehen dem *Ewigen* Verderben entgegen; wenige gibt es hier, die an etwas anderes denken als an Trinken, Essen, Comödie, Tanzen und andere täuschende, sündliche, verführerische Vergnügen; noch andere gibt es, deren Lage ebenso gefährlich ist, können des Morgens zum Hause Gottes gehen und des Abends zum Hause des Teufels, wovon der Tanz-*Salon* eins ist. Darum mögen wir wohl bitten, ›Dein Reich komme und dein Wille geschehe wie im Himmel, so auch auf Erden‹, – damit dieses Reich des Teufels auf Erden zerstört werde; und hierzu sage ich Amen.«

Man spürt, wie aus dem Diener des Herrn Anderson langsam ein Diener des Wortes Gottes wird. Erst am Ende des Briefes kommt Oncken auch auf einige private Dingen zu sprechen.

»Ich bitte meine liebe Mutter, nicht so besorgt zu sein wegen der Hemden. Ich habe erst neulich 6 Stück neue machen lassen. Doch wenn meine Mutter mir Garn spinnen will für noch ein halb Dutzend, so will ich gerne für das Flachs und Weben bezahlen und sie mit mehr Freude tragen als alle anderen. Wenn Gelegenheit eintrifft, so wollte ich die Haargarne schicken, wenn ich gewiß weiß, daß Sie nicht getauscht werden müßten. Die Frage ist, ob mein Onkel A. V. auch so gut sein will, mir ein Band davon zu machen. Tut er es nicht gern, so lasse ich es hier machen. Ich hoffe, meine liebe Mutter wird bald wieder schreiben, weil sie gewiß mehr Zeit dazu hat wie ich jetzt habe. Meine besten Segenswünsche an Sie und alle Verwandten von ihrem liebenden

Sohne J. G. Oncken.

An meine liebe, meine beste Großmutter. Es freut mich noch immer zu hören, daß Gott Ihnen Gesundheit verleiht. Wir können nicht dankbar genug dafür sein. Ich bitte den Herrn, daß er Ihnen auch Gnade geben möge, Ihren Frieden mit Gott zu machen, noch ehe Sie auf Ihrem Sterbebette liegen. O liebe, liebe Großmutter, nehmen Sie Ihre Zuflucht zu Jesum. Er hat seine Arme weit offen, Sie zu empfangen. Daß Er Ihnen Gnade, Frieden und *Ewiges* Leben geben möge, ist mein Herzenswunsch und herzliches Gebet. J.G.O.«

»Der neue englische Glaube« in Hamburg

Im Jahr 1823 trennte sich Oncken von dem Kaufmann Anderson aus Edinburg, in dessen Dienst er auf den häufigen Geschäftsreisen in Schottland, England, Deutschland, Holland und Frankreich viele Erfahrungen und reiche Menschenkenntnis hatte sammeln können. Fortan aber wollte er allein Jesus Christus dienen, der durch sein Wort seinem Leben eine neue Richtung gegeben hatte. Auch hatte er den Baptisten William Angus kennengelernt, einen früheren Kapitän der englischen Handelsmarine. Angus war in der Seemannsmission tätig und hielt sich wie Oncken bei seinen Besuchen in der Hafenstadt Hamburg zur dortigen Englisch-reformierten Kirche. Ebenso ver-

Englisch-reformierte Kirche am Johannisbollwerk
Aquarell von Jeß Bundsen. Um 1827

band Oncken eine Freundschaft mit dem Prediger dieser Gemeinde, Thomas Wright Matthews. Beide rieten ihm, das in England Erlebte in seine Heimat zu tragen. Der schottische Erweckungsprediger Robert Haldane, mit dem Oncken wohl schon früher losen Kontakt gehabt hatte, befürwortete seine Aufnahme als Mitarbeiter der Continental Society. Diese 1818 gegründete Missionsgesellschaft hatte sich zum Ziel gesetzt, dem auf dem Kontinent noch vorherrschenden Rationalismus missionarisch entgegenzutreten: Nicht das Erkennen von Vernunftwahrheiten und Moral sei das A und O des christlichen Glaubens, sondern die Botschaft von Wiedergeburt und Heiligung der Gläubigen in Jesus Christus. Zu diesem Zweck förderte die Gesellschaft die evangelistische Verkündigung und die Verbreitung von Bibeln und Erbauungsschrifttum durch fest angestellte »Agenten«.

Am 16. Dezember 1823 trifft Oncken in Hamburg ein, das nun für fast sechzig Jahre seine Heimat und der Ausgangspunkt einer viele Länder Europas erreichenden Missiontätigkeit werden sollte. Er schließt sich der Englisch-reformierten Gemeinde an. Sie hatte als freikirchliche unabhängige Gemeinde (Independent Church) durch die Hamburger Behörden 1818 ihre Concession, ihre Anerkennung erhalten, da sie nur aus Ausländern bestand und so keine Konkurrenz

Hamburg. Vorsetzen im Winter. Von A. Schliecker

zur Lutherischen Staatskirche darzustellen schien. Man versammelte sich bis zum Bau eines eigenen Kirchengebäudes 1827 am Johannisbollwerk im Hause des Pastors Matthews. Dort fand auch Oncken fürs erste freundliche Aufnahme. Pastor Matthews schenkte ihm eine kleine Taschenbibel und versah sie mit einer Widmung, die den weiteren Weg Onckens treffend kennzeichnet: »Laß das Buch dieses Gesetzes nicht von deinem Munde kommen, sondern betrachte es Tag und Nacht, daß du hältst und tust in allen Dingen nach dem, was darin geschrieben steht. Dann wird es dir gelingen in allem, das du tust, und wirst weise handeln können« (Jos. 1,8).

Oncken begann sogleich nach seiner Ankunft in Hamburgs Hafenviertel mit seiner Arbeit. Zu der ersten von ihm gehaltenen Versammlung am Abend des 27. Dezember 1823 fanden sich zehn Personen ein. Am 4. Januar des neuen Jahres zählte man bereits achtzehn,

Panorama von Hamburg. Lithographie von Wilhelm Heuer

am 11. Januar dreißig Zuhörer. Unter dem 8. Februar berichtet er an seine Missionsgesellschaft:

>>Hundert bis hunderzwanzig Personen waren an diesem Abend zugegen. Viele mußten außerhalb des Zimmers stehen, doch herrschte die größte Ruhe und Ordnung. Verschiedene Personen wünschten nach der Versammlung mit mir zu sprechen.<<

>>Am 22. Februar war das Gedränge so groß, daß ich die größte Schwierigkeit hatte, in das Zimmer zu kommen; man glaubt, daß etwa hundert Personen wieder umkehren mußten, weil sie nicht hinein kommen konnten; dennoch herrschte die größte Aufmerksamkeit.<<

Am 29. Februar, zwei Monate nach der ersten Versammlung, waren ungefähr zweihundertachtzig Personen anwesend >>und viele weinten bitterlich<<, ein Zeichen dafür, daß die Verkündigung von Umkehr und Glaube, Erwählung in Jesus Christus und ewiger Verlorenheit, wie Oncken sie predigte, vielen zu Herzen ging.

Die rege besuchten Versammlungen an den Sonntagabenden, die in der Werkstatt eines Segelmachers gehaltenen Gebetsstunden am Donnerstag und die zahlreichen Schiffsgottesdienste blieben nicht ohne Widerspruch. >>Der neue englische Glaube<<, der nichts anderes

Stadthaus am Neuen Wall. Lithographie von Peter Suhr

sein wollte als Predigt des Evangeliums, war Stadtgespräch. Am 6. März 1824 wurde Oncken zum ersten Mal auf der Polizeibehörde im Stadthaus am Neuen Wall verhört. Die Veranstaltungen wurden als nicht erlaubte religiöse Konventikel (Zusammenkünfte) verboten. Auch eine Berufung auf die Concession der Englisch-reformierten Gemeinde half nicht weiter. Nun mußte sich Oncken nach immer neuen Räumen umsehen. Später hat er berichtet:

»Auf diese Weise geschah es, daß der Satan in seinem eigenen Netze gefangen wurde. Denn so wurde ich genötigt, mich von einer Parochie (Kirchenbezirk) in die andere zu flüchten und auch in den Stadtteilen zu predigen, wo es vorher noch nicht geschehen war. Die Drohungen wurden jedoch immer ernster. Achtzehn bis zwanzig Citationen von den vielen, welche mich unablässig vor die Schranken der Polizei forderten, habe ich hier in meiner Hand, die mich manche Not, Seufzen und Herzklopfen gekostet haben. Eine fand gewöhnlich jede Woche statt, und dann mußte ich immer fast den ganzen Vormittag auf der Polizei warten, bis ich vorgelassen wurde. Alle diese Maßregeln gaben mir jedoch einen noch größeren Impuls.«

Von einer Bewahrung besonderer Art berichtet die älteste Biographie über Oncken.

»Er befand sich eines Sonntags zur Abhaltung einer Versammlung in dem Hamburg benachbarten Ort Blankenese. Mehrere Freunde waren mit hinausgezogen, um an der Versammlung teilzunehmen. Da es aber noch früh war, wollte man zuvor etwas in ›Bauers Garten‹ spazierengehen. Die Besucher des Parks wurden gezählt und jede zusammengehörende Gesellschaft mit einer Eintrittskarte versehen, auf welcher ihre Personenzahl angegeben war. Beim Verlassen des Parks wurde dann die Gesellschaft von neuem gezählt, um zu verhindern, daß irgend jemand im Garten zurückblieb. Oncken und seine Freunde waren zusammen dreizehn. Als sie aber an der Pforte gezählt wurden, hieß es: ›Zwölf Personen!‹ Auf die Einrede: ›Wir sind dreizehn Personen‹, zählte der Angestellte noch einmal, brachte aber wieder nur zwölf heraus und wies die Einsprechenden barsch zurück. Oncken bemerkte: ›Laßt es gut sein, liebe Freunde, wer weiß, wozu der Herr es zuläßt!‹ Wie sehr er recht hatte, sollte sich bald zeigen, denn nicht lange war man im Garten, als eine Dame raschen Schritts auf Oncken zueilte und ihm zuflüsterte: ›Dragoner stehen vor dem Thor, um Sie zu verhaften.‹ Oncken dankte und sagte zu seinen Freunden: ›Nun, ihr Lieben, wissen wir, weshalb nur zwölf

Personen gezählt werden durften. Seid dem Herrn befohlen und lebt wohl.‹ Schnell eilt er davon, dem Elbstrande zu, an welchem der Park stößt. Noch hatte er das Ufer nicht erreicht, als er rufen hörte: ›Herr Oncken, wollen Sie mit nach Hamburg?‹ Er blickt auf, und ein Boot liegt am Ufer, in welchem er einige Freunde aus Hamburg erblickt. ›Ihr kommt vom Herrn gesandt‹, antwortete er, tut einen Sprung und fährt wohlbehalten auf der freien Elbe nach Hamburg, während seine Häscher vergeblich am Gartentor auf ihn warten.«

Ein besonderer Zweig der Wirksamkeit Onckens war die Bibel- und Traktat-Verbreitung. Das Schrifttum erhielt Oncken von der Niedersächsischen Traktatgesellschaft, die im wesentlichen von Mitgliedern

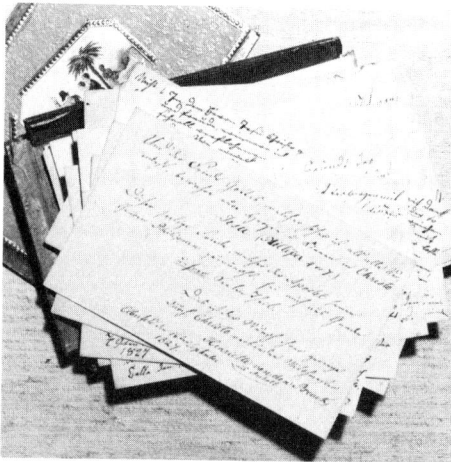

Onckens Zettelkästchen

der Englisch-reformierten Gemeinde getragen wurde. Die Bibeln bezog er anfangs von der Hamburg-Altonaischen Bibelgesellschaft. Sie war auf englische Anregung 1814 gegründet worden und verfolgte das bescheidene Ziel, für Arme Bibeln zu erschwinglichen Preisen zur Verfügung zu halten sowie Konfirmanden mit einer Bibel zu beschenken. Oncken aber wollte mehr erreichen, nämlich die Verbreitung des Wortes Gottes an jedermann.

Über die weite Ausstrahlung dieser Arbeit liegt ein schönes Dokument vor. Es ist eine Art Poesie-Album, ein Zettelkästchen, in das ihm christliche Freunde aus dem norddeutschen Raum Widmungen eintrugen. Besonders enge Verbindungen hatte Oncken nach Bremen. Dorthin wich er häufig aus, wenn ihm in Hamburg der Boden zu heiß wurde, denn er war als gebürtiger Oldenburger kein Hamburger Bürger, konnte also jederzeit der Stadt verwiesen werden. In Bremen fand er Zugang zu den reformierten Pastoren Mallet, Müller und Treviranus, die dort ebenfalls im Sinne der jungen Erweckungsbewegung arbeiteten. So sehen wir Oncken etwa im Dezember 1826 in Bremen vor über sechshundert Personen predigen. Verständlich, daß Pastor Mallet dem begabten jungen Mann anbot, ihm ein Theologie-Studium zu finanzieren. Oncken lehnte jedoch ab, weil er sich dafür nicht geeignet hielt. Zudem hatte er schon Bedenken gegen die Kindertaufe, die für die Staatskirche grundlegend war.

Die Schwierigkeiten in Hamburg nahmen zu, nachdem auf Onckens Anregung 1825 ein völlig neues Feld kirchlicher Tätigkeit erschlossen worden war: die Sonntagsschule. Oncken hatte von der englischen Sonntagsschul-Union einen namhaften Betrag zur Eröffnung einer gleichen Arbeit in Deutschland beschafft. In Hamburgs Vorstadt St. Georg, heute im Zentrum beim Hauptbahnhof gelegen, fand er in

Hamburgs Vorstadt St. Georg. Lithographie von Wilhelm Heuer. Um 1855

29

Johann Wilhelm Rautenberg (1791–1865).
Zeichnung von Robert Schneider.
Lithographie von Otto Speckter

dem Pastor Johann Wilhelm Rautenberg einen verständnisvollen Partner. Dieser war bereit, die Sonntagsschule für die vielen Kinder einzurichten, die nur wenig oder keinerlei Unterricht genossen, zum Entsetzen mancher Amtskollegen, die eine erwecklich-religiöse Beeinflussung der Kinder entschieden mißbilligten. (Die allgemeine Schulpflicht wurde in Hamburg erst 1870 eingeführt!)

Aus Berichten des Vereins, der die Arbeit unterstützte, und aus Untersuchungsakten der Hamburger Behörde wissen wir einiges über die erste ständige Sonntagsschule dieser Art in Deutschland. Der Senator Schaffhausen berichtet 1826 über einen Besuch in der Schule, die des »Mysticismus« verdächtigt wurde.

> »Es waren ungefähr 75 Knaben und ebenso viele Mädchen in 2. Zimmern gegenwärtig. Die Kinder sind größten Theils 6. bis 7. Jahre alt; es sind jedoch auch welche von 11. bis 12. Jahren darunter. Oncken, welcher vor dem Catheder stand, hielt Namenaufruf, befaßte sich aber nachher nicht mit dem Unterrichte, sondern schien sich nur mit Notaten in seinem Protocolle zu beschäftigen. Darauf wurden 2. Verse aus einem Gesange des Hamburgischen Gesangbuchs, sehr ordentlich und anständig gesungen. Sodann hielt einer der Lehrer, ein hierselbst noch nicht vom Ministerio examinierter Candidat Petersen über einen von der Taufe redenden Vers des neuen Testaments eine Rede von ungefähr 10 Minuten, wovon den Kindern wohl manches unverständlich seyn mochte, worin ich aber nichts gefunden habe, was in dem Sinne, wie man es jetzt oft nimmt, frömmelnd oder mystisch gewesen wäre. Gleicher Meynung war Herr Dr. Hartung, welcher bey mir war. Darauf vertheilten sich die Lehrer und Lehrerinnen und setzen sich zwischen den Kindern auf die Bänke. Je-

der nahm ungefähr 15 Kinder vor. Es wurde buchstabiert, gelesen und aus dem kleinen Catechismus Lutheri, der Bibel und dem Gesangbuche das Erlernte und zwar im gantzen mit großer Fertigkeit, ohne Plappern und ohne den Kindern gewöhnlich eigenthümlichen singenden Ton, mit Anstand und ohne Ängstlichkeit aufgesagt. Alles dies geschah zugleich und machte ein sonderbares Geräusch, obgleich Lehrer und Kinder sehr leise sprachen. Nur in der ersten Classe befragte der Lehrer die Kinder über das, was sie aufgesagt hatten, und gab ihnen kurze Erklärungen. Jedes Kind wurde einzeln vorgenommen. Die Kinder, welche für den Augenblick nicht beschäftigt waren, hielten sich musterhaft ruhig. Daß sie in der Offenbarung Johannis lasen, glaube ich nicht, da sie dazu ihre Bibeln, wie es mir schien, nicht weit genug zurückgeschlagen vor sich hielten; die Offenbarung Johannis aber die Bibel beschließt. Die Lehrer, schwarz angezogen, hatten alle ein honettes und keineswegs kopfhängerisches Ansehn. Das ist alles was ich wahrgenommen. Danach scheint mir das Auswendiglernen des kleinen Catechismus Lutheri, der Verse aus der Bibel und der Verse aus dem Gesangbuche die Hauptsache zu seyn.«

Onckens besonders angegriffene Mitarbeit in der Sonntagsschule bezog sich auf die organisatorische Seite des Werkes. Nach seinem eigenen Bericht leitete er aber auch die monatlichen Zusammenkünfte der Lehrer und beteiligte sich an den Hausbesuchen, die zum festen Pro-

Hamburger Straßenszenen. Von Eduard Niese
(Pilatuspool und Kräte 1894/Düsternstraße 1888)

gramm der Arbeit gehörten. Durch diese Hausbesuche gewann im übrigen Johann Hinrich Wichern als junger Theologe Einblick in den Grad der Verwahrlosung in vielen Hamburger Häusern. Seine Tagebuchaufzeichnungen geben Zeugnis davon, daß hier in der Arbeit der

Sonntagsschule die Keimzelle für das von ihm später begründete Werk der Inneren Mission zu sehen ist. Wichern war »Oberlehrer« in der Sonntagsschule St. Georg, jedoch zu einer Zeit, als der umstrittene Oncken bereits hatte ausscheiden müssen, weil er nicht Mitglied der Staatskirche war.

Eine besondere Gefährdung der missionarischen Arbeit Onckens war, daß er nicht das Hamburger Bürgerrecht besaß. In dieser Sache wußte er seinem Sekretär später über besondere Hilfen Gottes zu berichten. Hier die erste Episode:

> »Ich glaube nicht an Träume im allgemeinen. Der liebe Herr mußte mir klar machen durch eigene Erfahrung: Der Herr kann es auch (gemeint ist: durch Träume zu ihm reden), kurz vor der Zeit, ehe ich den Versuch machen wollte, Hamburger Bürger zu werden. Ich wohnte damals in der (1.) Neumannstraße und wollte bald nach England (reisen), um meine erste Braut zu ehelichen und nach Hamburg zu holen. Kurz vorher träumte mir, daß ich daselbst eine Versammlung gehalten (hatte) und die Polizei gekommen war, um mich zu arretieren (verhaften). Am nächsten Tag ging ich zu Bruder Lange, dieser wohnte in der 2. Neumannstraße. (Lange war übrigens der erste, der durch Onckens Verkündigung in Hamburg zum Glauben gekommen war.) Ich ging zu ihm des morgens und sagte: ›Bruder Lange, so und so – was halten Sie davon?‹ Lange (antwortete:) ›Ich habe ganz dasselbe geträumt; (das) ist eine Warnung vom Herrn und wir müssen keine Versammlung halten.‹ (Sie wurde daraufhin) abbestellt. Zur Zeit der Versammlung saß ich in meinem Zimmer. Einige Seelen waren bei mir. Ich saß vor meinem Teetisch, . . . und las Briefe. Knok (es klopft; herein trat ein) Offiziant. ›Was ist denn das! Schon wieder Versammlung!‹ Ich: ›Darf man denn seinen Tee nicht in Frieden trinken?‹ Wäre Versammlung gewesen, ich wäre kein Bürger geworden. Um den Glauben in uns zu erhalten, kann der Herr ebenso in unseren Tagen auf besondere Weise dazwischentreten, auch durch Träume. Der Herr kann über alles Bitten und Verstehen tun.«

Die zweite Begebenheit. Oncken traf auf der Straße einen Hinrich Christoph Schröder, Ältermann des Schneideramtes. Sie kannten sich aus der Sonntagsschularbeit. »Wie geiht dat?« – »Schlecht. Ich wollte gern Bürger werden.« – »Dann überlaot se mie, besorg Se Ihre Papiere, dann wull wi dat woll kreigen.« So geht Schröder mit Onkken auf ein Anmeldeamt in einem Stadtteil, wo er den Schreiber per-

Duplicat

Bürger=Eyd.

ck lave und schwöre tho
GOTT dem Allmächtigen, dat
ick düssem Rahde und düsser Stadt will
truw und hold wesen, Eer Bestes söken
unde Schaden affwenden, alse ick beste
kan und mag, ock nenen Upsaet wedder düssem Rahde
und düsser Stadt maken, mit Worden edder Wercken,
und efft ick wat erfahre, dat wedder düssem Rahde und
düsser Stadt were, dat ick dat getrüwlick will vormelden.
Ick will ock myn Jährliche Schott, imglicken Törcken=
stüer, Tholage, Tollen, Acciſe, Matten, und wat sünsten
twischen Einem Ehrb. Rahde und der Erbgeſetenen Vör=
gerschop belevet und bewilliget werd, getrüw und unwie=
gerlick by myner Wetenschop, entrichten und bethalen.
Alſe my GOTT helpe und syn Hilliges
Wort.

Johann Gerhard Oncken

Hamburg 25 April 1828

hat obigen Eyd abgestattet.

Actum Hamburg, d. 25 October 1859

Handschrift des Inhabers:

Vorsus

sönlich kennt. Die Lage wurde erst brenzlich, als Oncken beim Aus-
füllen des Formulars die Frage nach seinem Beruf beantworten muß.
Oncken antwortet wahrheitsgemäß »Agent«. Der Schreiber stutzt.
»Das ist ein Fremdwort, versteh ich nicht.« Oncken machte nun offenbar den Versuch, seine Tätigkeit als Missionar zu erläutern. Da
schaltet sich der Bürge ein und verbessert in »Commissionar«. Onkken will richtigstellen, er sei kein Commissionar, sondern . . . Darauf der Bürge:
»Heft Se nicht so veele Sacken to besorgen? – Schrief Du man: Commissionar.«

Dieser später oft anekdotenhaft ausgestaltete Dialog schlug sich im
Formular folgendermaßen nieder.

>   »Bey welchem Lehr- und Brodt-Herrn derselbe gewesen, und womit er
>   sich ernähret?
>   Er habe sich bisher in Commissionsgeschäften ernähret.
>   Warum er seinen Geburtsort verlassen?
>   Um hier Geschäfte zu machen.
>   Auf welches Geschäft er Bürger zu werden willens?
>   Als Antiquar.«

Nach einer Woche, am 25. April 1828, hielt Oncken das heißersehnte
Dokument, von dem wir hier eine Kopie wiedergeben können, in
Händen. Es sollte sich bald bei einer angedrohten Ausweisung als
nützlich herausstellen.

Die Hürde des Hamburger Bürgerrechts war genommen. Oncken
konnte nun unbeschwerter nach London reisen, wo er sich mit Sarah
Mann verheiratete, mit der er seit 1822 verlobt war. Wir dürfen annehmen, daß sich die jungen Leute in der Independenten-Gemeinde
kennengelernt hatten. In den siebzehn Jahren ihrer Ehe schenkte Sarah Oncken ihrem Mann sieben Kinder, von denen aber nur vier das
Kindesalter überlebt haben. Schwere Jahre standen vor ihr, als sie ihrem Mann 1828 nach Hamburg folgte. Oft war sie mit ihren Kindern
allein, und sie mußten um den Vater bangen, der viel auf zum Teil
abenteuerlichen Reisen war und unter massiven Drohungen, Pfän-
dungen und Angriffen mancher Art zu leiden hatte. Sarah Oncken
starb bereits im Alter von 39 Jahren 1845 an Brustkrebs. Welche Auf-
regungen sie an der Seite ihres Mannes zu durchstehen hatte, illu-

Sarah Oncken geb. Mann – Johann Gerhard Oncken.
Skizze von G. W. Lehmann 1835

striert der folgende Polizeibericht aus dem ersten Jahr ihrer Ehe.

»Auf eingegangene Nachricht, daß der bekannte Oncken, von neuem wieder, Dienstags, Donnerstags, Freytags und Sonntags Gottesdienstliche Versammlungen in seinem Hause, in der Neumannstraße halte; verfügt Unterzeichneter sich auf Befehl diesen Abend 8 1/2 Uhr in Begleitung des Polizey Officiant Seele, an Ort und Stelle.
Nachdem mir die Hausthüre, die mit einer Kette versehen, durch eine junge Engländerin, vermuthlich Oncken Frau, geöffnet war, ging ich sogleich eine Treppe hoch nach hinten hinauf, wo die Versammlungen gewöhnlich statt finden. Bey Oeffnung der Stuben u. Thüre kam der quaestionirte Oncken mir schon entgegen.
In dem Zimmer befanden sich etwa 24 Frauens- und 2 Manns-Personen, vor einem, auf einen Tisch gesetzten Pulte, auf Bäncken sitzend, versammelt; Oncken hatte, der größten Wahrscheinlichkeit nach, die Vorle-

35

sungen mit Unterstützung der sich um ihn befindenden, als 1, des
Tischler Jürgen Christian Knauff, 2, des Schumacher Johann Carl Friedrich Lange und 3 des Candis-Kistenmachers Johann Hieronimus Jürgen-
sen, der ebenfalls deshalb schon bey der Polizey in Untersuchung gewesen, gehalten.

Noch befand sich in dem gedachten Zimmer eine förmliche Bibliothek.
Aus welchen Büchern gepredigt worden, läßt sich mit Bestimmtheit nicht
angeben, da die Bücher vom Pulte bereits entfernt waren. In der einen
Ecke des Zimmers befand sich *ein großer Haufen von christlichen Erbau-
ungsschriften.*

Im Namen meiner Behörde gab ich den Anwesenden Befehl, sich sogleich
zu entfernen, worauf nach einer Weile der in Rede stehende Oncken zu
den Versammelten sagte, sie sollten nur bleiben, sie wären da zu einem
guten Zwecke, niemand habe in seinem Hause etwas zu befehlen. – Da
sich nun keiner der Anwesenden rührte und von dem gegebenen Befehl
gar keine Notiz genommen ward, so wiederholte ich denselben, worauf
sich Oncken abermals an die Zuhörer wandte und ihnen in einem stark
befehlenden Tone sagte, sie *sollten bleiben,* keiner habe ihnen etwas zu
sagen, worauf ich demselben erwiderte, daß, wenn jetzt dem Befehl nicht
sofort im Guten Folge geleistet werden würde, ich von denen mir zu Gebote stehenden Mitteln Gebrauch machen müßte, um sie zu entfernen,
worauf sich denn die Versammelten einzeln wegbegaben, und äußerten,
daß es denn für *diesen Abend* vorbey sey. – Onckens Betragen war überhaupt von der Art, daß es wohl einer Rüge bedürfte.

Schuldigst berichtend.

Hamburg
den 28sten August 1828.

C. W. Mevius
Polizey: Beamter.«

Oncken wurde in diesem Fall zu vierzehn Tagen Arrest verurteilt, die
Strafe dann aber in eine Geldstrafe umgewandelt, die auch die übrigen männlichen Teilnehmer zu zahlen hatten.

Der Hamburger Pastor Rentzel war ein ebenso origineller wie impul-
siver Mann. Auch auf der Straße ging er im Talar, unter dem er einen
Rohrstock verborgen gehalten haben soll, um Straßenjungen an Ort
und Stelle eine Lektion erteilen zu können. Er war noch ganz geprägt
vom rationalistischen Verständnis des christlichen Glaubens. Ihm
unterstand auch das Vorratslager der Hamburg-Altonaischen Bibelgesellschaft. Eines Tages verweigerte er Oncken jede weitere Liefe-
rung mit der Bemerkung: »Wo bleiben denn die Bibeln alle? Frißt der

Mensch sie auf?« Als Oncken ihn daraufhin selbst aufsuchte, fuhr er
ihn an: »Also Sie sind der Mann, der auf Böden und in Kellern allent-
halben predigt! Ihr verfluchtes Predigen!« Oncken: »Der Herr Jesus
hat es mir befohlen.« Rentzel: »Der Teufel hat es ihnen befohlen!«
Mit diesen Worten sprang er wütend auf. »Ich bin kein Feigling«, berichtete Oncken später, »aber jetzt wurde mir doch bange, und ich ergriff das Hasenpanier.«

Ladengeschäft und Onckens Wohnung
Englische Planke Nr. 7

37

Oncken löste sich 1828 von der Continental Society und trat in den Dienst der neugegründeten Edinburgh-Bible-Society. In ihrem Auftrag eröffnete Oncken nun in der Englischen Planke Nr. 7, gerade neben der Hauptkirche St. Michaelis, ein kleines Ladengeschäft. Die Literaturverbreitung weitete sich zu einer Verlagsarbeit aus. Zu mancherlei missionarischen Unternehmungen hielt Oncken nun Verbindung. Er hat im Laufe seines Lebens bei nicht weniger als sechs Gesellschaften mitgearbeitet, in der Continental Society, der Edinburgh, der Trinitarian, der American and Foreign Bible Society, der American Tract Society und der American Baptist Missionary Union.

Die erste deutsche Baptistengemeinde entsteht

In Hamburg hatten sich im ersten Jahrzehnt der Wirksamkeit Onkkens etwa siebzig bis achtzig Menschen zu Jesus Christus als ihrem Herrn bekehrt. Wie sollte es nun weitergehen? Oncken war nicht nur in der Verbreitung der Bibel aktiv, sondern er studierte sie auch eifrig. Er berichtet:

>»Durch unablässiges Forschen in der Heiligen Schrift und durch Beobachtung dieser Bekehrten gewann ich jedoch die Überzeugung, daß es nicht genug sei, bekehrt zu sein, sondern daß Gott ein Gott der Ordnung, wie in der Natur, so auch im Reiche der Gnade sei. In einer Schuhmacherwerkstätte, zwei Treppen hoch, der Wohnung unseres lieben, selig vollendeten Bruders Dietrich Lange, versammelten sich dann am Montag-Abend die wenigen Gläubigen, die schon dem Herzen nach von der Staatskirche getrennt waren, um miteinander das heilige Gotteswort zu betrachten, besonders aber die Geschichte der Apostel, als die allein unfehlbare Kirchengeschichte. Hierdurch erkannten wir bald, daß die Gemeinde Christi nur aus bekehrten Menschen bestehen müsse, die auf das Bekenntnis ihres Glaubens in seinen Tod getauft worden, und alsbald wurde auch der Wunsch in uns rege, der erkannten Wahrheit Folge zu leisten.«

Die Frage nach der Gemeinde der Gläubigen und der schriftgemäßen Taufe drängte sich also durch die Situation auf. Ein aktueller Anlaß ergab sich zudem dadurch, daß am 20. April 1829 Onckens erste Tochter geboren wurde. Frühere Zweifel an der Berechtigung der Kindertaufe wurden wieder wach und verstärkten den Wunsch, selbst nach biblischem Vorbild getauft zu werden. Aber wer sollte die Taufe vollziehen? Pastor Matthews riet überhaupt von der Glaubenstaufe ab (und wurde später noch vor Oncken getauft!). Oncken schrieb an Robert Haldane, von dem er wußte, daß er 1808 in einer Baptistengemeinde getauft worden war. Haldane gab den seltsamen Rat, daß in diesem Falle Oncken sich selbst taufen solle und dann die mit ihm gleichgesinnten Freunde. Wieder nahm Oncken das Neue Testament zur Hand, fand darin aber keinerlei Hinweis auf eine derartige Praxis. (Dadurch ist Oncken übrigens vor späteren Zweifeln bewahrt geblieben, wie sie den »ersten Baptisten« John Smyth umgetrieben hatten, der sich in einer ähnlichen Verlegenheit 1609 selbst getauft hatte.)

Eine andere Möglichkeit bot sich, als ein englischer Baptistenprediger anbot, Oncken möge auf seine Kosten nach England zur Taufe herüberkommen. Das aber mochte Oncken nicht annehmen. Auch wollte er offenbar nicht für längere Zeit aus der Arbeit ausscheiden, wie es damals die noch sehr umständlichen Reisemöglichkeiten erfordert hätten.

Selbst die Gelegenheit, sich in einem kleinen taufgesinnten Kreis des Herrn von Lücken in der benachbarten Böhmkenstraße taufen zu lassen, schied für Oncken aus. Zu verschieden waren die Ansichten in vielen Fragen des Glaubens, lehrte jene Gruppe doch die Allversöhnung, die ewige Erlösung aller Menschen; Oncken hingegen hielt an der Erwählungslehre nach calvinistischem Schriftverständnis fest. Es gab also Hindernisse mancher Art. So wartete der Kreis um Oncken und »verlegte sich aufs Beten um einen Philippus«.

Im Jahre 1833 tat sich eine Tür auf. Oncken hatte den amerikanischen Kapitän Calvin Tubbs, der wegen starken Frostes den Hamburger Hafen nicht mehr hatte verlassen können, den Winter 1829/30 über in seinem Hause beherbergt. Durch diesen Kapitän gelangte die Nachricht von der kleinen taufwilligen Schar in Hamburg an einige baptistische Glaubensbrüder in Amerika. So suchte sie im Herbst 1833 der Professor Barnas Sears auf. Er hatte die Absicht, in Deutschland sein

Barnas Sears

Sabbatjahr zu verbringen und an deutschen Universitäten theologische Studien zu betreiben. Sears war erstaunt über den Onckenschen Kreis, der sich von einer Baptistengemeinde nur dadurch unterschied, daß man nicht getauft war und nicht das Abendmahl zusammen zu feiern wagte. Die Taufe wurde jedoch nicht sogleich vollzogen. Oncken wollte nämlich gerade in Sachen Bibelverbreitung nach Polen reisen. So erschien es ihnen nicht gut, nun in aller Form eine Gemeinde zu gründen und sie bei den zu erwartenden Schwierigkeiten dann fürs erste ohne geistliche Betreuung und Leitung zu lassen. Man wird an das Wort der Widmung in Onckens Taschenbibel erinnert: »Und du wirst weise handeln können.«

Im April 1834 war es so weit. Barnas Sears kam aus Halle nach Hamburg. Am 21. April fragte er die sieben, die zur Taufe entschlossen waren, nach ihrem Glauben an Jesus Christus und ihrer Bereitschaft zur Nachfolge. Am Tag nach dieser »Prüfung« wurde am 22. April bei der Insel Steinwärder die Taufe vollzogen. Oncken notierte in seinem Tagebuch:

>»Lobe den Herrn, meine Seele, und was in mir ist, seinen heiligen Namen! Nachdem ich mich jahrelang danach gesehnt, dem Beispiele Christi in der Taufe zu folgen und seinem Befehle Folge zu leisten, genoß ich dieses Vorrecht und ward die heilige Anordnung am gestrigen Abend zwischen 8 und 9 Uhr an mir vollzogen durch den Bruder Barnas Sears, Professor des Hamilton-Kolleg, Nordamerika. Die folgenden teuren Brüder

Steinwärder, vom Hafen gesehen. Lithographie von Wilhelm Heuer. 1861

und Schwestern wurden zu gleicher Zeit mit mir getauft: Meine teure
Ehegattin Sarah Oncken, Henriette Lange (Ehefrau des folgenden), Died-
rich Lange (Schuhmacher), Heinrich Krüger (Schuhmacher), Ernst
Buckendahl (Spiegelrahmmacher) und Johannes Gusdorff (Leinenhänd-
ler, ein jüdischer Proselyt). Das Wetter war ausgezeichnet schön und unser gnädiger Herr begünstigte alles, was auf die Feier Bezug hatte. Mit
fröhlichem Herzen stieg ich in die Fluten hinab und mit preisenden Lippen ging ich aus denselben wieder ans Land.«

Hamburg von Steinwärder gesehen
Lithographie von Wilhelm Heuer. Um 1865

Hamburg, April 23. 1834

Whereas several brethren & sisters in Christ in this place have long been desirous of receiving the ordinance of Christian baptism after the apostolic manner, & of being associated into a church formed on the model of the primitive churches. & whereas, the providence of God opened a way to fulfil the desires of their hearts by the unexpected arrival of Mr. B. Sears, a minister in regular standing of the Baptist denomination in N. America; & whereas they received baptism at his hands on the 22ᵈ Inst. — Therefore they assembled in the house of Br. Oncken April 23. A.M. for the purpose of constituting forming themselves into a church. The meeting was opened by reading scripture & prayer by Br. Oncken, & was then organized by appointing.

Br. Oncken, Moderator
B. Sears, Secretary.

1 Resolved, unanimously, on motion of Br. Gustav that we proceed to form ourselves into a christian church.

2 Resolved, unanimously, that we adopt the following as the articles of our faith [See ——]

3 Resolved, unanimously, that we bind ourselves to each other by the following Covenant viz. [See ——]

4 Br. Sears, presented in the name of American churches with which he is officially connected, the right hand of fellowship. to the brethren & sisters whom he had baptized.

5. The brethren & sisters unanimously requested that Br. Oncken be their preacher & pastor.

6. They also desired br. Sears to set br. Oncken apart to the work of the christian ministry by the imposition of hands. There being no assembly of ministers, it was necessary, that according to the example of Timothy & Titus that the ordination be administered by one elder. Which was consequently done.

7 Voted, that our pastor br. Oncken be requested to open a correspondence with the Hudson River Baptist Association requesting that body to receive us as a corresponding member.

Barnas Sears. Secretary.

Am Sonntag, dem 23. April, versammelte sich die kleine Gruppe der am Vortage Getauften im Hause Onckens an der Englischen Planke. Unter der Anleitung ihres Täufers Barnas Sears konstituierte sich die erste deutsche »Gemeinde getaufter Christen«, wie sie sich selber fortan nannte – mit allen Kennzeichen einer Baptistengemeinde, wie es sie in England und Amerika schon länger und wohlgeordnet gab. Sears setzte über die Versammlung ein förmliches Protokoll auf.

»Hamburg, April 23. 1834
Whereas several brethren & sisters in Christ in this place have long been desirous of receiving the ordinance of Christian baptism after the apostolic manner, & of being associated into a church formed on the model of the primitive churches; & whereas the providence of God opened a way to fulfil the desires of their hearts by the unexpected arrival of Mr. B. Sears, a minister in regular standing of the Baptist denomination in N. America; & whereas they received baptism at his hands on the 22d. at night; – Therefore they assembled in the house of Br. Oncken April 23. A.M. for the purpose of forming themselves into a church. The meeting was opened by reading

Hamburg, 23. April 1834
Da mehrere Brüder und Schwestern in Christus an diesem Ort schon lange wünschten, die Verordnung der christlichen Taufe nach der apostolischen Weise zu erlangen und in einer Gemeinde verbunden zu sein, die nach dem Modell der Urgemeinde gebildet ist, und da die Vorsehung Gottes einen Weg öffnete, die Wünsche ihrer Herzen durch die unerwartete Ankunft von Herrn B. Sears, einem anerkannten Geistlichen der baptistischen Denomination in Nordamerika, zu erfüllen; und da sie von seiner Hand am 22. abends die Taufe empfingen; – versammelten sie sich daher am Vormittag des 23. April im Haus des Br. Oncken in der Absicht, mitein-

Protokoll der Gemeindegründung 23. April 1834. In englischer Sprache geschrieben durch Barnas Sears

scripture & prayer by Br. Onkken, & was then organized by
appointer.
Br. Oncken, Moderator
Br. Sears, Secretary

1. Resolved unanimously, on
motion of Br. Gustav that we
proceed to form ourselves into
a Christian church.

2. Resolved unanimously,
that we adopt the following as
the articles of our faith.
(See – – –)
3. Resolved unanimously, that
we bind ourselves to each other
by the following Covenant viz.
(See – – –)

4. Br. Sears presented in the
name of American churches
with which he is officially connected the right hand of fellowship to the brethren & sisters whom he had baptized.

5. The Brethren & sisters unanimously requested that Br.
Oncken be their preacher & pastor.
6. They also desired Br. Sears
to set Br. Oncken apart to the
work of the Christian ministry
by the imposition of hands.
There being no assembly of

ander eine Gemeinde zu bilden. Die Zusammenkunft
wurde mit Schriftlesung und
Gebet durch Br. Oncken eröffnet und dann durch den Unter-
zeichner geordnet.
Br. Oncken, Vorsitzer
Br. Sears, Sekretär

1. Es wurde einstimmig be-
schlossen auf Antrag von Br.
Gustav (= Johannes Gusdorff),
daß wir miteinander zur Bildung einer christlichen Gemeinde schreiten.

2. Es wurde einstimmig be-
schlossen, daß wir folgende
Artikel unseres Glaubens annehmen (siehe – – –).
3. Es wurde einstimmig be-
schlossen, daß wir uns untereinander durch den folgenden
Bund verbinden, nämlich (siehe – – –).

4. Br. Sears reichte im Namen
der amerikanischen Gemeinden, mit denen er offiziell verbunden ist, den Brüdern und
Schwestern, die er getauft hatte, die rechte Hand der Gemeinschaft.

5. Die Brüder und Schwestern
baten einstimmig Bruder Onkken darum, ihr Prediger und
Pastor zu sein.
6. Sie baten außerdem Br. Sears, Br. Oncken unter Hand-
auflegung zum Dienst eines
christlichen Geistlichen auszu-
sondern. Weil es dort keine

ministers, it was necessary, that according to the example of Timothy & Titus the ordination be administered by one elder, which was consequently done.

7. Voted, that our pastor Br. Oncken be requested to open a correspondence with the Hudson River Baptist Association requesting that body to receive us as a corresponding member. Barnas Sears, Secretary.

Versammlung von Geistlichen gab, war es notwendig, daß die Ordination gemäß dem Beispiel des Timotheus und Titus durch *einen* Ältesten erteilt wurde, was folglich geschah.

7. Es wurde vorgeschlagen, unseren Pastor, Br. Oncken, zu bitten, eine Korrespondenz mit der Hudson River Baptist Association zu eröffnen, um diese Körperschaft zu ersuchen, uns als korrespondierendes Mitglied anzunehmen. Barnas Sears, Sekretär.

Hierzu einige Erläuterungen:
Unter Punkt 2 ist von einem Glaubensbekenntnis die Rede. Damit ist nicht das persönliche Bekenntnis des Glaubens gemeint, das jeder Taufbewerber ja bereits am 21. April 1834 abgelegt hatte. Vielmehr wird hier angekündigt, daß sich die Gemeinde ein schriftlich formuliertes Glaubensbekenntnis geben und an das Protokoll anfügen werde, daher »see – – –«. (Dies ist aber offenbar unterblieben, da keine direkte Veranlassung dazu bestand.)

Wie verhält es sich mit dem unter 3. genannten »Covenant« = Bund? In einigen angelsächsischen Freikirchen wird die Mitgliedschaft durch ein »Bundesgelübde« gewonnen oder bekräftigt. Diese Sitte entstammt ursprünglich dem schottischen Calvinismus und geht auf die Tage der Reformation zurück, als 1557 schottische Adelige ein »Covenant zum Schutze und zur Durchführung des Wortes Gottes und seiner Gemeinde« schlossen. Zur Illustration dieses Brauches sei auf die bekannte Liedstrophe des Renatus Zinzendorf verwiesen. »Die wir uns allhier beisammen finden, schlagen unsere Hände ein, uns auf deine Marter zu verbinden, dir auf ewig treu zu sein; und zum Zeichen, daß dies Lobgetöne deinem Herzen angenehm und schöne, sage Amen und zugleich: Friede, Friede sei mit euch!« (Der englische Hintergrund dieses Liedes ist »mit Händen zu greifen« und

Johann Gerhard Oncken 1834

läßt sich unschwer aus der Biographie des Vaters Nikolaus Ludwig
Graf Zinzendorf erklären.)

Oncken dürfte aus seiner schottischen Zeit mit dem Begriff »Covenant« und mit der Sache vertraut gewesen sein. Die Baptisten haben
nun dieses Bundesgelübde der Taufe zugeordnet, genauer gesagt:
nachgeordnet. Bei den deutschen Baptisten ist dieser Brauch aber
nicht heimisch geworden, allenfalls könnte man auf das Händerei-

chen nach der Feier des Abendmahls verweisen, wie es mancherorts geübt wird. In der Stunde der Gemeindekonstituierung Hamburg 1834 fand er aber Verwendung. Wir sind sogar in der Lage, trotz der Lücke im Protokoll (»see – – –«) wenigstens den Inhalt jenes Bundesgelübdes von damals wiedergeben zu können. In der Festrede Onckens zum 25jährigen Jubiläum der Hamburger Baptisten-Gemeinde 1859 heißt es nämlich: »Jene Sieben (die Getauften) legten dann ihre Hände und Herzen zusammen, um alle die Anordnungen des Hauses Gottes aufrechtzuerhalten, die Zucht auszuüben und aneinander festzuhalten, komme, was da wolle.«

Im ersten Gottesdienst der Hamburger Gemeinde wurde auch Johann Gerhard Oncken zum Ältesten und Prediger eingesetzt. Auch über diese Ordination liegt eine Urkunde aus der Feder von Barnas Sears vor, die aber später durch ein mit Brief und Siegel versehenes Dokument der »Baptist General Convention of the U.S.« ersetzt wurde, um die aufgeschreckte Hamburger Behörde von der Gültigkeit des Schrittes zu überzeugen.

Oncken selber bewegten in dieser Stunde andere Gedanken.

> »Ich fühle,« so schrieb er an jenem Tage, »meine Schwachheit und meine Verantwortlichkeit. Aber gepriesen sei Gott, ich weiß auch, wo meine Kraft liegt und in wessen Werk ich arbeite. Ich konnte mich ohne Rückhalt meinem Heiland hingeben. Herr Jesus, ich halte es für eine größere Ehre, der geringste unter Deinen Knechten zu sein, als alle Ehren dieser Welt zu besitzen. Dir will ich mich aufs neue ergeben. Mache mich zu einem guten und treuen Prediger des Evangeliums, und halte mich wie einen Stern in Deiner rechten Hand. Amen.«

Stille Anfänge und erste Stürme über der Gemeinde

Nach dem Beginn seiner Arbeit elf Jahre zuvor stand Oncken wieder am Anfang, nun aber in einer Gemeinde von Glaubenden, die sich in einem förmlichen Bundesschluß nach schottischer Tradition zur Treue gegenüber dem Bund Gottes mit den Menschen hatte verpflichten lassen. Vielfältige Angriffe und Verdächtigungen gegen

Oncken und die junge Gemeinde an der Englischen Planke ließen nicht auf sich warten. Unerlaubte Gottesdienste in der unmittelbaren Nachbarschaft einer der großen Hauptkirchen der Stadt, Predigten durch einen nicht ausgebildeten, nicht anerkannten Nicht-Theologen, Abendmahlsfeiern, ja nächtliche Taufen in der Elbe und anderswo, an Erwachsenen vollzogen, dazu eine vielfältige missionarische Tätigkeit, das alles wurde als Provokation, als gegen die Staatskirche gerichtet verstanden und rief Erinnerungen an die umstrittenen Wiedertäufer und Winkelprediger des 16. Jahrhunderts hervor, von denen die Bücher Böses zu berichten wußten.

Große Michaeliskirche. Steinzeichnung von Peter Suhr. Um 1840

Dennoch blieben die ersten drei Jahre der Gemeindearbeit vergleichsweise ruhig. Denn der damalige Hamburger Polizeiherr, Hieronymus Hudtwalcker, zählte selbst zu den Erweckten in der Hamburgischen Kirche, kannte die Schwächen der aufklärerisch ge-

Senator Hieronymus Hudtwalcker
Aquarell von Carl Julius Milde. 1834

sonnenen Kirchenleitung und wehrte unbillige Angriffe gegen Onkken und die Gemeinde ab. Sein Urteil:

> »Ich kann die Verfolgungssucht eines sich aufgeklärt denkenden (Geistlichen) Ministeriums gar nicht begreifen. Meiner Meinung nach hätten die Herren ganz andre wichtigere Dinge zu thun, namentlich sich der praktischen Seelsorge des gemeinen Mannes und des Volksschulwesens besser anzunehmen, dann würden wir nicht Hunderte von nicht confirmierten Erwachsenen und so viele ungetaufte und verwilderte Kinder haben. Hic Rhodos, hic salta (tretet hier den Beweis an), möchte ich den hoch- und hochehrwürdigen Herren zurufen. Wenn Secten entstehen und Beifall finden, so ist das immer ein sichres Zeichen, daß die herrschende Kirche in Verfall ist.«

Julius Wilhelm Köbner stieß 1836 zur Gemeinde. Er stammte aus

Julius Köbner (1806–1884)
Kohlezeichnung von
G. W. Lehmann. 1842

49

Dänemark. Dort war er als Sohn eines Rabbiners 1806 in Odense geboren worden. Aus inneren Motiven und wohl auch seiner Braut zuliebe hatte er sich von der jüdischen Religion gelöst und in Hamburg 1826 der Lutherischen Kirche angeschlossen. Von Beruf war er Graveur. In ihm wurde der ersten Generation der deutschen Baptistengemeinden ein begabter Schriftsteller, schaffensfroher Dichter und feuriger Prediger geschenkt. 1844 ordiniert, arbeitete er bis 1852 in der Hamburger Gemeinde und in Onckens Verlag und diente später als Prediger den Baptistengemeinden in Barmen, Kopenhagen – er war an der Entstehung der dänischen Gemeinden mitbeteiligt – und Berlin.

Der Kupferstecher Gottfried Wilhelm Lehmann in Berlin zählte zu einem kleinen Kreis von Erweckten. Mit Oncken war er durch die Arbeit der Edinburger Bibelgesellschaft verbunden. Lehmann besuchte

Gottfried Wilhelm Lehmann (1799–1882)

ihn 1835 in Hamburg und lernte die junge Baptistengemeinde kennen. Zwei Jahre bewegte ihn die Frage nach Taufe und Gemeinde. Im Frühjahr 1837 machte Oncken einen Gegenbesuch. Bei dieser Gelegenheit wurden am 13. Mai Lehmann und fünf weitere Gläubige durch Oncken im Rummelsburger See bei Berlin getauft, tags darauf eine Gemeinde gegründet, die zweite Baptistengemeinde in Deutschland. In Lehmann gewann Oncken einen wertvollen Mitstreiter, der besonders auf organisatorischem Gebiet begabt war und den entstehenden Gemeinden vor allem in den preußischen Ländern mit Rat

*Taufe im Rummelsburger See, von G. W. Lehmann
für den »Mitgliedschein« festgehalten*

und Tat zur Verfügung stand. So bildete sich mit Oncken, Köbner und Lehmann das »Kleeblatt«, die Führungsgruppe der ersten Generation dieser Freikirche in Deutschland.

Am Sonntag, dem 3. September 1837, vollzog Oncken zum ersten Mal am hellen Tag eine Taufe in der Elbe. Acht Täuflinge waren es diesmal; mit mehreren Booten hatte die ganze Gesellschaft von etwa 30 bis 35 Personen zum jenseitigen Elbufer übergesetzt. Die Taufe war aber nicht unbeobachtet geblieben. Ein zufällig vorüberrudernder Seemann war derart erbost, daß er herankam und schimpfend und drohend den Täufer suchte. Oncken hatte sich jedoch bereits zum Umkleiden entfernt, so daß der erregte Augenzeuge nur noch den Diakon Lange kräftig ohrfeigen konnte. Inzwischen war offenbar die Polizei auf der anderen Seite aufmerksam geworden, jedenfalls machte der »Commandeur der Hafenrunde«, Hoffmann, am folgenden Tag den Polizeiherrn Meldung und zog weisungsgemäß nähere Erkundigungen ein.

Einige der Getauften und andere Gemeindeglieder wurden nun verhört. Die Befragung ergab, daß entgegen anderslautenden Gerüchten nichts Anstößiges vorgefallen war. Wir lesen im Polizeiprotokoll:

»Mit diesen Aussagen stimmt im Wesentlichen die eines nicht zu der Baptisten-Gemeinde gehörigen Augenzeugen, des Ballastschifferbaas Hinrich Holst zusammen, nach des Jollenführers Tode Aeußerungen, eines Kreuzbraven, aber etwas hastigen Mannes. Er sah eine Versammlung von etwa 40 Personen an dem dem Hafen gegenübergelegenen Badeplatz und bemerkte, daß mehrere Personen in weißen Gewändern von einem Mann in schwarzer Kleidung untergetaucht wurden, worauf religiöse Gesänge folgten.

Da von seinen eignen Verwandten sich einige zu diesen Sectirern – sein Ausdruck – gewandt hätten: so sey ihm bei diesem Anblick die Galle übergelaufen. Er habe ihnen lebhafte Vorwürfe gemacht, daß sie ihre eignen Aeltern im Grabe beschimpften, welche sie nicht ohne Opfer hätten taufen und im Christenthum auferziehen lassen, daß sie des bei ihrer Einsegnung am Altar geleisteten Gelübdes uneingedenk dies Alles nun für ungültig erklären wollten. Wenn derjenige, der sie taufe, sich auf seine Tugend berufe: so sey das nichts als Hochmuth. Als sie sagten, der Teufel sey in ihn gefahren, habe er ihnen den Vorschlag gemacht, auf dem Schweinemarkt zu versuchen, aus wem von ihnen er in die Säue fahren werde. Ein Engländer habe ihm gesagt, er sei überaus frech und unbesonnen – insolent und imprudent – gewesen, was er zugeben wolle, doch habe ihn die Öffentlichkeit geärgert, die einen ungeheuren Menschenzulauf veranlaßt haben würde, wenn man vorher Kenntnis davon gehabt hätte. Daß es unanständig bei jener Feierlichkeit hergegangen sey, könne er indes nicht behaupten, er habe nichts der Art gesehen.

Ein Jollenführer Johann Hinrich Tode sagt, der den Prediger vorstellende sei mit den weißgekleideten Katechumenen bis an die Knie ins Wasser gegangen, dann habe er sie unter dem Hersagen einer Taufformel untergetaucht, worauf gesungen und gebetet worden. Unanständiges in der Kleidung oder beim Umkleiden habe er nicht bemerkt. Der Ballastführer Holst habe ihnen aus der Bibel beweisen wollen, daß sie Narrentheidungen trieben und ihrem wahren Glauben abtrünnig würden. Wozu sie eine Revolution stiften wollten, und was alle die Sectirerei solle? Er habe 7 Kinder auf Christi Namen taufen lassen. Er würde ja der unglücklichste

Mann sein, wenn die alle wieder von ihrem Glauben abgehn und ihre Taufe für ungültig erklären wollten. Alles sey zwar ruhig abgelaufen. Hätte Holst aber an den Pastoren kommen können: so glaube er, die Sache wäre schief gegangen.

Nachdem der Vorfall am Sonntag, dem 3ten Sept. durch diese Aussagen hinlänglich aufgeklärt zu sein schien, ward die Untersuchung auf die Verfassung, das Glaubensbekenntnis, die Liturgie, die Abendmahlsfeyer der Gemeinde, die Zahl ihrer Mitglieder, ihre Geburtsregister und ihre Copulationen (Eheschließungen) ausgedehnt.«

Diese weiteren Verhöre mußte Julius Köbner über sich ergehen lassen. Oncken war nämlich bereits nach Oldenburg abgereist, wo er elf Gläubige taufte und mit diesen und vier im Vorjahr Getauften am 11. September eine Gemeinde gegründet wurde. Oncken erhielt, inzwischen in Hannover angekommen, brieflich Mitteilung von der Zuspitzung der Lage in Hamburg und eilte nach dort zurück. Schnell wurde das eingeforderte Glaubensbekenntnis zusammengestellt, von

Glaubensbekenntnis 1837, von Julius Köbner geschrieben

Julius Köbner in schöner Schrift niedergeschrieben und durch Onkken noch im selben Monat eingereicht.

So genau wir über die Entstehungsursache dieses ersten Glaubensbekenntnisses einer deutschen Baptistengemeinde orientiert sind, wissen wir leider nicht, wie das ausführliche Dokument in derart kurzer Zeit zustande gekommen ist. Deutlich ist jedoch, daß es aus reicher Bibelkenntnis erwuchs; zugleich verrät es theologische Bildung. Im Artikel über die Taufe legte man positiv seine Auffassung »nach den bestimmten Aussprüchen des Neuen Testaments« dar, ohne die Kindertaufe zu erwähnen, und griff im übrigen auf eine Schrift »*Wer soll getauft werden? und worin besteht die Taufe?*« von R. Pengilly zu-

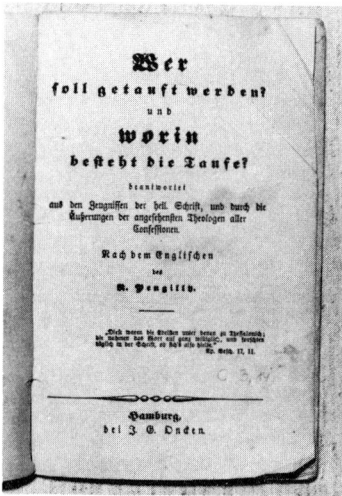

Taufschrift von R. Pengilly

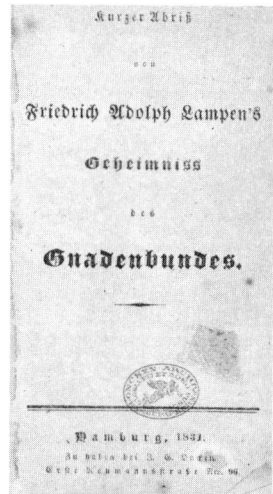

Lampes »Gnadenbund«

rück. In anderen Artikeln finden wir Gedanken aus einem Büchlein »*Kurzer Abriß von Friedrich Adolph Lampen's Geheimniss des Gnadenbundes*«. Aus diesem alten Werk reformierter Bundestheologie von 1712 hatte Oncken bereits 1831 in seinem Verlag eine Kurzfassung wieder veröffentlicht. Ihm war der Satz besonders wichtig, »daß es von Ewigkeit her das freie, von nichts außer sich selbst geleitete Wohlgefallen, der bestimmte Vorsatz Gottes gewesen, Sünder zu erlösen« (Artikel VII »Von der Erwählung zur Seligkeit«), weil auf ihm die Glaubensgewißheit ruht.

Die Lage der Gemeinde in Hamburg wurde immer schwieriger. Die Versammlungen wurden immer häufiger gestört. Auch die Presse befaßte sich mit den »Sektierern«, die sich seit dem August des Jahres in der Böhmkenstraße in einem gemieteten Saal versammeln wollten. Als es dort auf der Straße zu Tumulten kam, so daß sogar Militär einschreiten mußte, wurden im Dezember die Versammlungen durch den Senat verboten. Erst im April 1838 erreichte man eine vorübergehende Duldung unter der Auflage, daß Eintrittskarten auszugeben seien. Die Hamburger Gemeinde bestand am Schluß des Jahres 1837 aus 68 Mitgliedern.

Im Oktober 1837 wurde Oncken nach Stuttgart eingeladen. Dortige Christen hatten sich ebenfalls mit der Frage nach dem neutestamentlichen Gemeindebild und der Taufe befaßt. Auch war man verwundert, in den Korrespondenzberichten der Niedersächsischen Traktatgesellschaft den Namen des rührigen Mitarbeiters Oncken nicht mehr zu finden. (Die Gesellschaft hatte Oncken, seit er Baptist war, die Zusammenarbeit aufgekündigt. Oncken gründete daraufhin 1836 den Hamburger Traktatverein, der bis 1939 bestand.) Der führende Kopf des Kreises in Stuttgart war der Instrumentenmacher Carl Schauffler. Dessen gerade geborene Tochter wurde durch einen mit

Carl Schauffler sen.

ihm verwandten lutherischen Prediger gegen seinen Willen zwangs-
getauft. Oncken hielt nun in Stuttgart vierzehn Tage lang Vorträge,
die von etwa 80 Personen besucht wurden. Erst auf das Drängen der
Brüder besprach man schließlich in vertrautem Kreis auch die Tauffrage, ohne zu wissen, daß Oncken Baptist war!

So wurden denn am 9. und 12. Oktober im Neckar bei Bad Cannstatt
zweiundzwanzig Menschen getauft. Die Gemeinde Stuttgart war gegründet. Diese Tauffeiern waren die Zielscheibe lebhafter Auseinandersetzungen. In den illustrierten Blättern erschienen Bilder der

Taufe im Neckar 1837. Bild aus einer Illustrierten

Taufhandlung. Die Gemeinde Stuttgart geriet ins Feuer der öffentlichen Diskussion. Welche Aufregung gerade unter den Theologen im
religiös vielschichtigen Württemberg das Wagnis verursachte, auch
in der Tauffrage das neutestamentliche Vorbild ernstzunehmen, mag
die Veröffentlichung eines Andachtsbuches belegen, dem eigens ein

»Anhang über die Onken'sche Wiedertaufe im Neckar-Fluß bei Cannstatt« beigegeben wurde.

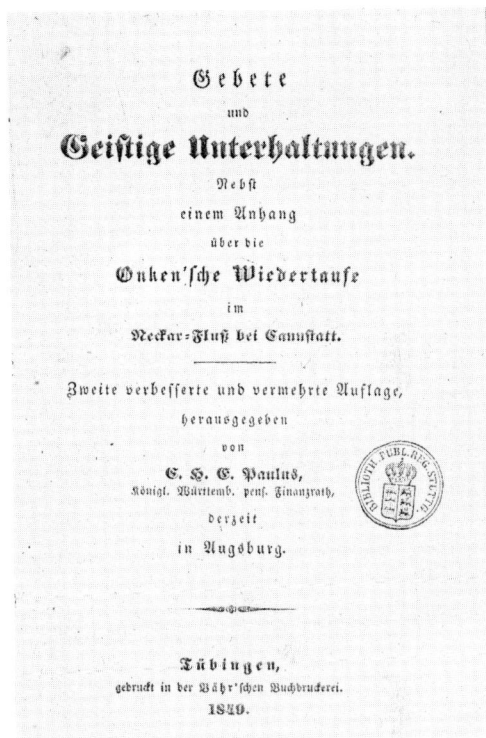

Gebete
und
Geistige Unterhaltungen.
Nebst
einem Anhang
über die
Onken'sche Wiedertaufe
im
Neckar-Fluß bei Cannstatt.

Zweite verbesserte und vermehrte Auflage,
herausgegeben
von
E. H. E. Paulus,
Königl. Württemb. pens. Finanzrath,
derzeit
in Augsburg.

Tübingen,
gedruckt in der Bähr'schen Buchdruckerei.
1849.

Andachtsbuch

Zwischen Oncken und Schauffler kam es später im übrigen zu theologischen Differenzen. Schauffler vertrat Sonderlehren, die sich mit Onckens Verständnis biblischer Theologie nicht vereinbaren ließen. Nicht nur, daß ihm als Calvinisten die von Schauffler vertretene Allversöhnungslehre ein Dorn im Auge war. Schauffler liebte auch in anderen Punkten perfektionistische Auffassungen. So meinte er etwa, Christen dürften durchaus nicht das Vaterunser beten, da die Bitte, »und erlöse uns von dem Bösen« für sie nicht mehr zutreffe, denn sie seien ja schon erlöst! So blieben die »Schaufflerschen Baptisten« vor der Tür, als später der Bund der Baptisten-Gemeinden gegründet wurde.

Bestell-Zettel für Tractate
des
Hamburger Tractat-Verein
pr. 100 Exempl.

(handschr.)	No.	In Octav:	Seiten	Thlr	Sgr
	1.	Johann von Lang	8	—	10
	2.	Ist der Ochse stößiger Natur? Eine Frage an Alle, die es angeht	16	—	18¾
	3.	Barmherzigkeit gegen Thiere. Worte gegen die Thierquälerei	12	—	15
	4.	Die Gerechtigkeit, die vor Gott gilt	24	—	27½
300 —	5.	Die Folgen der Trunkenheit	8	—	10
3300	6.	Der goldene Ring	12	—	15
2700	7.	Ueber die Vergiftung durch Branntwein, von Hufeland	12	—	15
2300	8.	Der Retter in der Noth	8	—	10
800	9.	Eine Anrede für die Sache der Enthaltsamkeit	12	—	15
500 — 4300	10.	Das Wort vom Kreuz	16	—	18¾
3800	11.	Der Schäfer der Ebene von Salisbury	36	1	10
5000 — 6700	12.	Das Aergerniß am Evangelium	12	—	15
	13.	Wilhelm Wilberforce	20	—	22½
5000 —	14.	Der Einfluß des Glaubens auf unser Leben und Wandel	8	—	10
	15.	Paulus, kein Mann nach dem Sinne unserer Zeit	16	—	18¾
	16.	Die Sabbathsfeier	12	—	15
2500 — 8200	17.	Martha, oder der selige Tod	16	—	18¾
5000 — 3500	18.	Die Predigt des heiligen Geistes, von Dr. M. Luther	12	—	15
	19.	Der Christ im Dienste seines Herrn	12	—	15
4500	20.	Lebenslauf des Philipp P.	12	—	15
1600	21.	Bist du ein Christ?	8	—	10
2900	22.	Die Bibel und der Sünder, ein Gespräch	8	—	10
	23.	Siehe, Er kommt in den Wolken des Himmels	8	—	10
	24.	Die Gnade herrscht durch Gerechtigkeit	8	—	10
4400	25.	Die Buße	12	—	15
2800	26.	Die beste Arzenei des armen Mannes	8	—	10
5000 — 3000	27.	Ein gerechter Gott und ein Heiland	8	—	10
5000 — 5500	28.	Die Macht der Wahrheit	12	—	15
2800	29.	An die Kinder Abrahams	8	—	10
	30.	Beweise für die Wahrheit der christlichen Religion	16	—	18¾
5000 —	31.	Die frohe Botschaft	6	—	7½
3400	32.	Geschichte eines verlornen Sohnes	24	—	27½
5500	33.	Der gläubige Katholik	16	—	18¾
	34.	Von der Keuschheit	4	—	5
5000	35.	Fritz Hazell	24	—	27½
	36.	Der Abtrünnige	6	—	7½
	37.	Philet	6	—	7½
	38.	Eine Wasserfahrt am Sonntage	4	—	5
4000	39.	Die Narrenschillinge	8	—	10
	40.	Aus dem Leben eines unglücklichen Mädchens	4	—	5
1900	41.	Köstlicher Honigtropfen aus dem Felsen Christo	24	—	27½
	42.	Der Friede mit Gott	6	—	7½
	43.	Der Mormonismus	32	1	5
	44.	Die Lehren des Mormonismus	32	1	5
	45.	Schwarzenberg	8	—	10
5000 — 200	46.	Des Fluchers Gebet	8	—	10
4100	47.	Die Stimme der Warnung	12	—	15
3000 — 2100	48.	Die Hirtentreue Jesu Christi	12	—	15
400	49.	Der Werth eines Thalers	4	—	5
4000 —	50.	Die Geschichte des lahmen Fried	16	—	18¾
9500	51.	Die Predigt am Wege	16	—	18¾
5000	52.	Jesus, der wahrhaftige Sünderfreund	16	—	18¾
3500	53.	Kurzer Unterricht, von A. H. Franke	8	—	10
14500	54.	Warum soll ich die Bibel lesen?	4	—	5
5000 — 3000	55.	Wie ein Armer glücklich geworden ist.	4	—	5
5000	56.	Das Gebet im Namen Jesu	12	—	15
2150 — 3500	57.	Der eiserne Griffel	8	—	10
150 — 100	58.	Lydia Sturtevant oder der entscheidende Entschluß	8	—	10
5000 — 3000	59.	Das doppelte Testament	16	—	18¾
	60.	Ein redlicher Versuch	4	—	5
5000 — 2100	61.	Die kleine Lydia.	16	—	18¾
6000 — 1500	62.	Der arme William	12	—	15
6000 — 9000	63.	Das zerbrochene Rad	8	—	10
3800	64.	Der Bibelcolporteur	12	—	15
2500 — 4200	65.	Die verwandelte Insel.	16	—	18¾
3000 — 9000	66.	Eine Zeit zum Tanzen	8	—	10
5000 — 200	67.	Die köstliche Perle	12	—	15
5000 — 5000	68.	Der durchbrochene Damm	4	—	5
4000 — 3000	69.	Eine Versammlung unter freiem Himmel ꝛc.	20	—	22½
1500	70.	Die Waldkirche	4	—	5
	71.	Der Tag des Herrn.	32	1	5
4000 — 3000	72.	Die Lotterie	16	—	18¾

Verfolgte Gemeinde

Die Jahre 1839 und 1840 brachten den Beginn der Gemeindearbeit in Bayern durch J.F. Knauer in Bayreuth und der Arbeit in Dänemark, wo Oncken und Köbner im Oktober 1839 die erste Taufe in Kopenhagen vollziehen konnten. An beiden Plätzen setzten sogleich heftige Verfolgungen ein, die zur Inhaftierung leitender Brüder der Gemeinden führten.

Und nicht nur dort. Am 1. April 1840 wurde ein Gesuch der Hamburger Gemeinde um freie Religionsausübung endgültig abschlägig beschieden. Im Amt des ersten Polizeiherrn hatte es überdies 1839 einen erneuten Wechsel gegeben. Der entscheidende Mann war jetzt der Senator Ernst Binder. Am 13. Mai 1840 wurde eine von Köbner

Senator Ernst Binder
Aquarell von
Carl Julius Milde. 1834

geleitete Versammlung polizeilich aufgelöst. Oncken hatte an diesem Abend in der Englisch-reformierten Kirche gepredigt. Kaum zurückgekehrt wurden er, Köbner und Lange festgenommen. Am 23. Mai teilte man Oncken den folgenden Senatsbeschluß mit.

»Ad relationem in Untersuchungssachen wider den Arrestanten Johann Gerhard Oncken, wegen verbotener Conventikel usw.
Conclusum: Den Johann Gerhard Oncken, der geständlich den ihn er-

theilten obrigkeitlichen Verboten zuwider mit Leitung religieuser Versammlungen, Taufen und Ertheilung des Abendmahls fortgefahren, zu einer vierwöchentlichen Gefängnisstrafe auf dem Winserbaum, wobei jedoch der bisher erlittene Arrest mit in Anrechnung zu bringen, so wie in die Erstattung der Untersuchungskosten, zu verurtheilen und ihm fernere Contraventionen (Vergehen) bei schärferer Ahndung zu untersagen.«

Hamburger Bürgergefängnis »Winserbaum«. Lithographie von Wilhelm Heuer. (Über dem Dach ist der Kirchturm von St. Jakobi sichtbar.)

Oncken verbrachte die Haftzeit im Winserbaum. Für die Versorgung hatte jeder Inhaftierte selbst aufzukommen, entweder, indem er den »Wirt« entsprechend bezahlte oder sich von Freunden und Bekannten Lebensmittel bringen ließ. Diesem Umstand danken wir eines der bewegendsten Dokumente aus der Anfangsgeschichte der deutschen Baptistengemeinden. Julius Köbner, der ebenso wie Lange Haftaufschub erhalten hatte, schrieb nämlich auf einem kleinen Zettel (22 x 10,5 cm) einen eng geschriebenen ausführlichen Gruß an den Ältesten der Gemeinde und steckte das Papier in ein Brötchen! Dieser Kassiber wurde aber von Oncken nicht vernichtet, wie Köbner ihn darin dringend gebeten hatte. Nun war Oncken gerade auf seiner Pritsche eingeschlafen, da wurde die Zelle plötzlich geöffnet. Oncken schreckte hoch, griff nach seinem Taschenbuch, und – das Zettelchen fiel heraus. So gelangte es in die Akten der Polizei, wo es fast hundert Jahre später von Onckens Biographen Hans Luckey wiederentdeckt wurde.

Hier der Text in Auszügen.

Zettelchen Köbners an Oncken im »Winserbaum« 1840

»Theurer Bruder! da ich am wenigsten von Allen eine Erlaubnis Sie zu sprechen erhalten würde, und ich es auch nicht für gut halte den Senator vielleicht durch ernstliche Worte zu erzürnen, jetzt wo ich alle Augenblicke erwarten kann ebenfalls eingesteckt zu werden, will ich mich dafür entschädigen indem ich einige Worte an Sie schreibe. Gelobt sei Gott! bei allem äußeren Druck und der Tyrannei, unter welcher wir jetzt leben, ist bis jetzt noch nichts zu beweinen in Beziehung auf das Reich Gottes – kein Abfall, keine Kälte, kein ängstliches Wesen zeigt sich unter uns; vielmehr das Gegentheil. Alle scheinen neu gestärkt und sind sichtbar durch die Hand Gottes im Glauben und Bekenntnisse befestigt worden seit jenem Streich des Satans. Es ist uns allen klar und fühlbar, daß unsere brüderliche Liebe zueinander gewachsen ist, und daß unsere Liebe zu Ihnen nicht kleiner geworden, davon werden die vielen Wallfahrten fast aller Mitglieder nach dem Winserbaum Sie überzeugt haben. Viele versicherten mir mit augenscheinlichem Gefühl, daß der kurze Anblick und Gruß eine wahre Erquickung für Sie gewesen sei, und ich glaube diese Versicherung um so lieber, da ich dasselbe fühlte. Der Hunger nach dem Wort hat keineswegs abgenommen. Die Gemeinde und Freunde waren am letzten Sonntag in 5 Sektionen versammelt, jede 2 Mal. Von diesen 10 Versammlungen leitete ich 4, Bruder Lange 4 und Bruder Krüger 2 Der Herr segnete uns reichlich, und versah sein heiliges Amt als der gute Hirte. Insbesondere fühlten wir unser Glück und die Güte unseres Heilandes bei der Betrachtung des Textes: ›Am Abend aber desselben Sabbaths, als die Jünger versammelt, und die Thüren verschlossen waren aus Furcht vor den Juden, kam Jesus, trat mitten ein und sprach: Friede sei mit Euch!‹ In der Woche wird nun fast jeden Abend an einem anderen Orte Versammlung sein . . .

Mein Bruder (der Buchdrucker Waldemar Köbner) bittet daran zu erinnern, daß zu der Gedichtesammlung nicht Papier genug da ist, wie Sie ihm gesagt haben; wenn Sie vielleicht deshalb schreiben wollten irgendwohin. Sie werden bald die erste Correktur davon bekommen. Beide Pressen sind seit gestern mit den Psalmen beschäftigt; mein Bruder meint, dann zunächst mit dem Druck des Traktats anzufangen. Nun, lieber Bruder, der Feind wird auch an Ihnen das Entgegengesetzte von dem ausrichten, was er bezweckt. Sie werden aus dem Gefängnisse gehen zwiefach ausgerüstet und gesalbt für Ihren Beruf, und werden denselben mit doppeltem Eifer wieder anfangen. Wir aber freuen uns auf das Fest, wenn wir Sie wieder haben werden. Der Herr ist treu! Amen. Viele, liebe Grüße.«

Darunter befindet sich in anderer Schrift die Bemerkung:

»1840. Mai 30. Von dem Wirth d. w. B. eingeliefert. Ad Acta. Binder.«

Dieser Bericht wird ergänzt durch Tagebuchaufzeichnungen Onckens aus der Haft. Dort lesen wir:

»Den 13. Mai 1840. Nachdem ich dem Gefangenenwärter über meinen Namen, Stand u. s. w. Rede gestanden, mußte ich es mir gefallen lassen, meine Taschen durchsuchen zu lassen. Das Konzept meiner soeben gehaltenen Predigt wurde mir abgenommen. Sodann wurde mir mein Quartier im zweiten Stock an der Südseite des Hauses angewiesen. Das Fenster meines Gefängnisses ist stark vergittert, die Thür verriegelt. Nachdem der Gefangenenwärter sich entfernt hatte, warf ich mich auf meine Kniee, preisend und lobend meinen Heiland, der mich würdigte, um seines Namens willen Bande zu erleiden. Ich fühlte mich wohl und selig, empfahl meine teure Gemeinde dem Herrn und flehte für die Bekehrung meiner Verfolger.«

»Den 14. Mai. Ich bin in der verflossenen Nacht oft erwacht. Die harte Strohmatratze und das unbiegsame Kopfkissen sind mir zu ungewohnt. Auch die Bedeckung war so kärglich, daß mich fror. Heute war ein seliger

Tag; er verstrich ohne die mindeste Langeweile für mich unter Gesang, Gebet und Lesen. Ich las auch in Haldanes Erklärung des Römerbriefes. Hatte mehrfache Gelegenheit, mit meinem Gefangenenwärter über das eine Notwendige zu reden. Meine liebe Gattin besuchte mich.«

»Den 15. Mai. Diesen Morgen um 7 Uhr grüßte der liebe Br. Pielström von unten herauf. Um 1 Uhr mittags hatte ich bei Dr. Ascher Verhör. Er fragte mich um den Grund meines Beharrens beim Predigen, Taufen und Austeilen des Abendmahls, ungeachtet wiederholter Verbote. Meine Antwort war einfach eine Hinweisung auf die Bibel, aus der ich den Willen Gottes und meine Pflicht erkannt hatte, also handeln zu müssen. Ich wurde ohne weiteren Bescheid entlassen und nach dem Winserbaum zurückgeführt. Abends sah ich zwei Brüder, auf der Brücke freundlich grüßend. Beschäftigte mich mit englischer Lektüre.«

»Den 16. Mai. Abwechselnd las, sang und schrieb ich. Unter den auf der Brücke mich Grüßenden wies ein lieber Bruder gen Himmel. Meinem Herzen thaten diese Zeichen wohl. Ja, ja, ihr Lieben, auf den Himmel wollen wir uns vertrösten; da ist unser Heimatland.

> Nicht hier ist unser Vaterland,
> Allein bei Dir, Gott, droben;
> Da ist der Ort, wo Deine Hand
> Das Glück uns aufgehoben.

Hier mit Jesu leiden, hier Ihm in der Schmach folgen, ist unser Los; darauf hin ließen wir uns auch in seinen Tod taufen. Wehe uns, wenn die Welt uns liebte; denn, wohnt der Heiland in uns, so kann sie uns nur hassen, denn sie haßt ja Ihn. Doch die Leiden dieser Zeit sind leicht, denn sie sind von kurzer Dauer, ja, nicht wert der Herrlichkeit, die an uns soll geoffenbart werden. Halte denn aus, meine Seele, in Geduld. Bald kommst du, Wagen Israels, und holst sie heim zu ihrem Gott, und das herrliche ›Gehe ein zu deines Herrn Freude‹ empfängt die auf ewig erlöste Seele. Herzlich betete ich für Freunde und Feinde. Letztere bemitleidete ich, denn der Herr wird mit ihnen rechten, und sie erschrecken in seinem Grimme. Ach, wieviel beneidenswerter mein Los, hier als Gebundener um Christi willen zu sein, als denen anzugehören, von welchen Paulus 1. Thess. 2,16 schreibt: ›Wehren uns zu sagen den Heiden, damit sie selig werden‹, also das Maß ihrer Sünden anhäufend und den gerechten Zorn des Höchsten auf sich ladend. Der Herr erhalte mir den Frieden der Seele. Mein Herz ist frei von aller Besorgnis über den Ausgang meiner Sache. Immer wieder höre, fühle ich die Worte: Ich bin bei dir – Ich erhalte dich –

Ich werde dich nie verlassen noch versäumen. Gibt es besseren Trost? Halleluja!«

C.F. Lange verbrachte die ihm zudiktierte Strafe von acht Tagen ebenfalls im Winserbaum, ein Stockwerk über Oncken. Sie haben »wie Paulus und Silas in Philippi« durch gemeinsames Singen Gott gelobt (Apostelgeschichte 16,25), wußte Oncken später zu berichten.

Für Onckens Familie war diese Zeit besonders schwer, da die Tochter Lydia sterbenskrank war. Oncken erhielt deshalb für drei Tage Haftverschonung, wurde aber sogleich wieder »sistiert«, da er sich währenddessen nicht von »Conventikeln, Predigten und Administration der Sacra« enthalten hatte. Zudem verlangte die Behörde von Oncken die polizeilichen Untersuchungskosten in der stattlichen Höhe von 259,– Mark Courant. Da er die Rechtmäßigkeit des ganzen Verfahrens bestritt, weigerte er sich zu zahlen. Daraufhin wurde am 24. Juni fast das gesamte Mobiliar gepfändet. »Das Bett werden wir nicht nötig haben«, ließ sich der Taxator vernehmen, der bereits das Wohnzimmer geschätzt hatte, erinnert sich später Onckens Tochter. Die Eltern standen am Fenster des ausgeräumten Zimmers. Margret Oncken fährt fort: »Unvergeßlich ist mir Mamas leichenblasses Gesicht, aber auch Papas Gelassenheit und Würde, als seine liebe, klangvolle Stimme sagte: ›Laß fahren dahin, sie haben's kein' Gewinn.‹«

Die behördlichen Mahnungen an Oncken in dieser Sache sind noch vorhanden, Muster deutscher Gründlichkeit. Im übrigen erfuhren Oncken, seine Familie und die Gemeinde gerade in dieser Zeit viel Liebe und Zeichen der Solidarität von angesehenen Hamburger Bürgern, besonders aber von Glaubensbrüdern aus Amerika und England, die nicht nur mit Geld halfen. So erschien aus England eine Deputation beim Senat der Stadt Hamburg, um eine beachtliche Unterschriftensammlung zugunsten Onckens und der Gemeinde vorzulegen, leider ohne nennenswerten Erfolg. Die beiden angesehenen Vertreter der britischen Baptisten mußten sich von dem Polizeiherrn Binder sagen lassen: »Sie kennen diese Baptisten wahrscheinlich nur vom Hörensagen. Es ist eine armselige Gemeinschaft, aus den untersten Schichten des Volkes zusammengeholt.« Darauf antwortete der

Die Polizei-Behörde

[handwritten text]

Hamburg den 24 Juny 1840.

Nachricht an Oncken über Verkauf seines gepfändeten Mobiliars

Engländer Dr. Hoby: »Ach, ich merke, Sie haben hierzulande verschiedene Rechte für die Reichen und für die Armen.«

Auf Missionsreise im Norden und Osten

Die stürmische Zeit in Hamburg war noch nicht vorüber, da folgt Oncken schon wieder einer Einladung nach Kopenhagen. Dort konnte er Ende Juni 1840 weitere zehn Personen taufen. Leider starb während seiner Abwesenheit die Tochter Lydia.

Ende August tauft er in Jever bei Oldenburg ebenfalls zehn Personen. Mit 21 Mitgliedern wird hier nun eine Gemeinde gegründet. Ihr 1858 erbautes Bethaus ist auf einer Tasse abgebildet, wie man sie Oncken und Köbner bei anderer Gelegenheit schenkte. Die kleine Kapelle ist neben denen in Ihren (von 1855) und Barmen eines der ältesten noch

erhaltenen Versammlungshäuser einer deutschen Baptistengemeinde.

Anfang September reisen Oncken und Köbner wiederum nach Dänemark. Diesmal ist die Insel Langeland ihr Ziel, wo neun Gläubiggewordene auf ihre Taufe warten. Am Ende des Monats steht die Gründung der Gemeinde Othfresen (später Salzgitter) an, am 4. Oktober feiert man in Onckens Anwesenheit ein gleiches Fest in Bitterfeld (Sachsen), fünf Tage später in Bayreuth, der ersten Gemeinde in Bayern, am 25. desselben Monats in Marburg. Am Schluß des Jahres zählt man 302 Mitglieder in den zwölf Gemeinden Deutschlands und Dänemarks, von denen die Gemeinde in Hamburg mit nun 110 Mitgliedern die größte ist. Verfolgungszeiten sind Segenszeiten, diese Erfahrung konnte Oncken gerade 1840 machen. Das Jahr 1841 stand unter ähnlichen Spannungen. Oncken wird nach einer Predigt in Altona erneut für kurze Zeit verhaftet. Die Gemeinde in Kopenhagen erlebt schwere Bedrängnis.

Im Oktober 1841 tauft Oncken in Memel 29 Personen. Fortan bildet Ostpreußen bis zum zweiten Weltkrieg ein Kernland des deutschen Baptismus mit Schwerpunkt in Königsberg, wo die Arbeit 1856 begonnen wurde.

Hier die farbige Schilderung der Reise aus Onckens Tagebuch:

»Berlin, den 27. September 1841:
Am 22. September begab ich mich auf die Reise, da ich einige dringende Einladungen von Br. Grimm in Memel erhalten habe. Dieser war das

Werkzeug gewesen zur Bekehrung von mehreren Seelen in jener Gegend, in Gemeinschaft mit Br. Remmers, Mitglied der Gemeinde Hamburg, welcher Memel besucht hatte, um den Weg dorthin für mich zu bahnen. Am 24. September erreichte ich Berlin.

Hier hatte ich gute Gelegenheit, Br. Lehmanns Arbeit kennenzulernen. Der Saal, den er für die Versammlungen gemietet hatte, ist meiner Meinung nach sehr passend. Er faßt zwischen zweihundert bis dreihundert Menschen und ist gut besucht. Ich hatte die Freude, am letzten Sonntag dort zweimal zu predigen. Am Abend waren beinahe zweihundert Zuhörer anwesend. Mit großer Freude habe ich das Kreuzesbanner entfaltet, und viele Anwesende sind erfaßt worden.

Nachher verbrachte ich eine liebliche Zeit in der Gemeinde, wo wir die sterbende Liebe unseres hochgelobten Herrn feierten. Nicht weniger als zwanzig oder einundzwanzig teure Christen sammelten sich um den Tisch des Herrn. Wie verschieden war dieser Eindruck von dem meines letzten Hierseins vor zwei Jahren! Damals waren es nur sieben Mitglieder, mit denen ich mich ganz heimlich versammelte, weil so wenig Sicherheit für mich vorhanden war, daß es nach Schluß der Versammlung weiser erschien, sofort die Stadt zu verlassen und mich noch am selben Abend nach Potsdam zu begeben. Ich hoffe, daß Br. Lehmann das Evangelium jetzt unbehelligt verkündigen darf und daß viele zum Glauben kommen und Gott sich zu der Arbeit seines Dieners bekennen wird.

Königsberg, den 30. September:

Kam heute morgen um 5 Uhr hier an, nachdem ich drei Nächte unterwegs gewesen war. Da ich sehr ermüdet bin, werde ich mich heute ausruhen und morgen früh zeitig meine Reise mit dem Dampfer nach Memel fortsetzen. Möge Er, der mich bis hierher geführt hat, mich vor seinen Feinden bewahren und mir Kraft genug geben, sein Werk zu treiben! Möge Er mit mir sein auf dieser interessanten Reise und mir die unbeschreibliche Freude geben, daß ich ein Werkzeug zur Verherrlichung seines Namens werde!

Auf meiner Reise hierher hatte ich eine Unterredung mit einem Herrn über die Gottheit Christi. Er war leider, wie viele seines Standes, ein entschiedener Gottesleugner. Meine Gründe haben ihn wenigstens zum Schweigen gebracht. Möge Gott Segen geben zu seiner Bekehrung!

Memel, den 2. Oktober:
Erreichte Memel heute früh nach einer stürmischen Nacht im Kurischen Haff, doch ohne daß das Schiff Schaden gelitten hatte. Den größten Teil des Tages war ich mit der Prüfung der weiblichen Taufbewerber, sechzehn an der Zahl, beschäftigt. Erst zwischen 10 und 11 Uhr abends war diese Arbeit beendet, und bald begaben wir uns zum Fluß, etwa vier Kilometer von der Stadt entfernt. Da aber ein Täufling lahm war und den größten Teil des Weges getragen werden mußte, konnte ich erst zwischen 2 und 3 Uhr nachts die heilige Handlung vollziehen. Das Wetter war sehr günstig, der Mond lächelte zu uns herab, kein Blatt regte sich, und alles um uns war feierlich still. Nur der leise Ruderschlag eines Bootes in ziemlicher Entfernung war zu vernehmen. Jetzt waren alle bereit, ins Wasser zu steigen, und nachdem wir die Gegenwart Gottes und den Segen des Herrn erfleht hatten, in dessen Namen die heilige Handlung vollzogen werden sollte, wurden diese teuren Bekehrten durch Untertauchen mit Christo begraben in seinen Tod. Nachdem sich alle umgekleidet hatten, knieten wir nieder und empfahlen diese Jüngerinnen dem großen Hirten Israels, sie zu führen und zu behüten. Um 4 Uhr morgens konnte ich mich müde zur Ruhe legen mit Dank gegen Got für seinen Schutz.

Sonntag, den 3. Oktober 1841:
Der süße Tag der Ruhe wird hier, soweit ich bemerkt habe, mehr entheiligt als in irgendeinem anderen Teil Deutschlands. Alle Geschäfte werden wie an Wochentagen erledigt. Da werden die Opfer groß sein, welche von unseren Brüdern gefordert werden! Zwei der Brüder sind Werkmeister an der Sägemühle, die, wenn genügend Wind weht, am Sonntag ebenso in voller Tätigkeit ist wie an jedem anderen Tag. Einer der Brüder hat schon gewagt, seinen einträglichen Posten aufzugeben; der andere wird hoffentlich bald folgen. Diesen ganzen gesegneten Tag bin ich voll beschäftigt gewesen bis abends 11 Uhr.
Früh 9 Uhr predigte ich vor etwa vierzig Personen. Zwischen diesem und

dem Abendgottesdienst hatte ich neun Brüder zur Taufe zu prüfen. Ich predigte um 7 Uhr; danach begaben wir uns an die andere Seite des Kurischen Haffs. Dieses ist ein schmaler Landstreifen zwischen dem Haff und der Ostsee, welche so nahe ist, daß das Rauschen der Wogen deutlich zu hören ist. Das Rauschen der vielen Wasser war majestätisch und vertiefte den heiligen Ernst der heiligen Handlung, die ich an neun Bekehrten vollzog. Dann kehrten wir zum Haus unseres Bruders zurück, wo wir unsere Schwestern zurückgelassen hatten, welche inzwischen Lieder sangen von der errettenden Liebe. Ihre Stimmen schallten uns entgegen, als wir zurückkamen. Hier redete ich zu den Versammelten von dem Wesen der Gemeinde, daß sie kein anderes Haupt haben als Christum und keine anderen Gesetze zur Nachfolge als das Neue Testament. Danach reichte ich ihnen im Namen der Gemeinde zu Hamburg die Hand der Gemeinschaft.

Die Ordination des Br. Grimm, die jetzt folgte, hielt uns noch etwa eine Stunde beisammen. Ich hielt eine Ansprache an ihn und an die Gemeinde über Apg. 20 und über Hebr. 13. Dieser Gottesdienst war sehr weihevoll. Alle fühlten die Gegenwart des Herrn. Den gesegneten Tag beendeten wir mit dem heiligen Abendmahl. Gegen 11 Uhr trennten wir uns. Gott sei gelobt, der allein große Dinge tut!
O, wie soll ich dem Herrn danken für alle seine Güte zu mir, dem Geringsten seiner Diener! Näher zu dir, mehr für dich zu leben, das ist das wenigste, das ich tun kann.

Montag, den 4. Oktober:
Heute abend hatten wir eine sehr interessante Missionsversammlung, die sehr gut besucht war. Soviel es die Zeit erlaubte, versuchte ich, die Hörer mit dem großen Missionsplan der heutigen Zeit bekannt zu machen und betonte, daß jeder Christ etwas tun solle und müsse zur Ausbreitung des Reiches Gottes. Möge Gott helfen, daß sie tätigen Anteil nehmen an der Ausbreitung seines Reiches!

Dienstag, den 5. Oktober:
Ein Lehrer der höheren Schule besuchte mich heute, um etwas über unsere Lehre zu hören und um mich zu einem gläubigen Kaufmann zu führen, der mich zu sehen wünschte. Ich gab ihm die erwünschte Auskunft, die er für seine Zeitschrift brauchte, um einen aufklärenden Artikel über die neugegründete kleine Baptistengemeinde zu schreiben. Im Haus des Kaufmanns hatte ich Gelegenheit, unsere Grundsätze klarzulegen und sie mit der Schrift zu begründen. Beide Herren gestanden zu, daß sich meine Ausführungen mit der Ausübung der apostolischen Gemeinden decken.

Nachmittags 2 Uhr organisierte ich eine kleine Sonntagsschule, welche nächsten Sonntag beginnen soll und von welcher ich viel Segen erwarte. Um 5 Uhr kam ich zu Herrn Hague, einem alten Herrn. Er ist der Sohn des verstorbenen Rev. Hague, der fast fünfzig Jahre lang Baptistenprediger in England war. Herr H. ist ein langjähriger Jünger des Herrn, aber ein Gefühl der Unwürdigkeit hat ihn lange, zu lange davon abgehalten, Christi Gebot zu erfüllen. Wir gingen in das Haus seiner Tochter am Ende der Stadt und überlegten, wo man am besten die heilige Handlung vollziehen könnte. Dann gingen wir, von zwei deutschen Brüdern begleitet, zum Fluß, und ich taufte unseren ehrwürdigen betagten Bruder in den Namen des Herrn. Nach unserer Rückkehr in Herrn H.s Haus durfte ich etwa zwanzig aufmerksamen Zuhörern predigen. Ich hoffe, daß wir für die hiesigen Engländer regelmäßig englische Versammlungen haben werden. Eine der lieben Freundinnen versprach, ihre drei Kinder zur Sonntagsschule zu schicken.

Ich prüfte drei weitere Taufbewerber; zwei sind reif zur Taufe, der dritte berechtigt zu guten Hoffnungen.

Ich bat zwei Brüder, mit dem letzteren zu reden, und wenn sie zufrieden sind, werden wir sie morgen taufen.

Zwei Damen besuchten mich, wollten gern über die Taufe belehrt werden. Hatte lange Unterredung mit ihnen.

Mittwoch, den 6. Oktober:

Predigte heute vor einer sehr großen Zuhörerschaft, darunter einige Herren der Gesellschaft. Das Wort schien großen Eindruck auf sie zu machen, und ich erwarte Gutes von dieser Abendversammlung. Wie gesegnet und wie ehrenvoll, einer verlorenen Welt Jesum predigen zu dürfen! Der Herr, der Heilige Geist, segne seine eigne Wahrheit zur Einheimsung seiner Erwählten!

Nach dem Gottesdienst Gemeindestunde. Ich sprach zu der Gemeinde ausführlich über Gemeindezucht.

Donnerstag, den 7. Oktober:

Hatte um 8 Uhr eine Zusammenkunft mit den Lehrern der Sonntagsschule und gab ihnen die nötige Unterweisung. Eine Dame besuchte mich, die die gestrige Ansprache gehört hatte. Will gern gerettet werden.

Nachher besuchte mich ein junger Jude, mit dem ich eine lange, interessante Aussprache hatte über den Messias. Der Gott seiner Väter sei ihm gnädig!

Aß zu Mittag bei dem Magistratssekretär, der gestern in der Versammlung war. Er war ein Freund unserer Brüder und verteidigt sie, wo er nur kann. Er war äußerst lieb zu mir und scheint dem Herrn nahezustehen. Gegen unsere Lehre und Praxis hatte er nicht ein Wort einzuwenden. Gott lohne ihm seine Freundlichkeit zu Christi Jüngern!

Dann besuchte ich eine der Schwestern, die am Sonntag früh zwischen 2 und 3 Uhr getauft worden war und die zwei Tage später einen prachtvollen Knaben bekam. Etwa zehn Personen, Verwandte, waren um sie versammelt, denen ich ein Wort der Ermahnung sagte. Ich übergab das kleine Kindlein im Gebet dem großen Kinderfreund.

Während ich noch dort war, bat mich der vorhin genannte Kaufmann, den Abend bei ihm zuzubringen. Zu meinem Bedauern konnte ich nur eine Stunde bleiben. Hätte ich länger bleiben können, hätte er sich für die Wahrheit des Evangeliums entscheiden können. Doch um 8 Uhr ging's wieder mit drei Täuflingen über das Kurische Haff. Einige Freunde begleiteten uns. Als wir etwas nach 9 Uhr zurückkehrten, war die Gemeinde versammelt. Ich begrüßte die Getauften in der Gemeinde. Um 1/2 11 Uhr konnte ich, sehr ermüdet, zur Ruhe gehen.

Freitag, den 8. Oktober:
Da ein Gendarm sich nach mir erkundigt hatte, wurde es für weise gehalten, daß ich meine Wohnstätte wechselte. Ich stand um 5 Uhr auf, verließ den Gasthof, in dem ich gewohnt hatte, und begab mich in das Haus eines Bruders.

Während dieses Tages hatte ich viel mit Br. Grimm zu besprechen. Ich gab ihm nun Rat, so gut ich konnte, wie er seine wichtige Arbeit beginnen und führen sollte. Er hat alles, was er hatte, dahingegeben, hat tatsächlich seine gute Stellung als Werkmeister in der Sägemühle für die gute Sache geopfert.

Ich darf nicht den großen Dienst mit Schweigen übergehen, den ein treuer Bruder dem Werk wie auch mir geleistet hat. Es ist Br. Remmers aus Jever. Er war mehrere Wochen hier. Seine Arbeit für den Herrn, besonders aber sein heiliger Wandel und sein sanfter Geist sind und werden weiter den Mitgliedern und dieser neuen Arbeit ein Segen sein.«

Die Memeler Gemeinde weiht zehn Jahre nach ihrer Gründung 1851 ihre erste Kapelle ein. Ein kirchenähnliches Gebäude wurde nicht genehmigt; die Rundbogenfenster gestattete man erst, als nachgewiesen werden konnte, daß in der Stadt ein Speicher mit solchen Fenstern versehen war. Die Frage: »Warum hat eure Kirche keinen Glockenturm?« beantwortete ein Bruder der Gemeinde treffend: »Wir brauchen keine Glocken, – wir laden persönlich ein.«

Kapelle in Memel

Auf seiner weiteren Reiseroute nimmt Oncken häufig Kontakt zu den im Osten zahlreichen Mennoniten auf.

»Tilsit, den 9. Oktober:
Verließ gestern abend Memel, dem Herrn dankend für seine Bewahrung während meines Dortseins und dafür, daß ich neunundzwanzig Jünger taufen und alles in gute Ordnung bringen konnte.

Lobe den Herrn, o meine Seele!

Hier (in Tilsit) kam ich morgens 1/2 8 Uhr an. Sollte irgendeiner unserer Freunde jemals dieses Weges reisen, möchte ich ihm auf Grund meiner unglücklichen Erfahrungen raten, auf keinen Fall mit der Landpost zu kommen. Die Landstraße ist unbeschreiblich schlecht, und es erfordert schon eine gute Gesundheit und derbe Körperkonstitution, sich dieser Strapaze zu unterziehen. Es gibt eine Gelegenheit mit Dampf, welche jedenfalls vorzuziehen ist.
Der Zweck meiner Reise hierher ist, die Mennoniten zu besuchen und, wenn möglich, morgen bei ihnen zu predigen. Der Herr bereite den Weg, daß ich dienen kann! Ich habe den einzigen in dieser Stadt wohnenden Mennoniten besucht, einen Destillateur. Als ich eintrat, war ich entsetzt:

Er, seine Frau und eine oder zwei andere Personen waren hinter dem Ladentisch beschäftigt, dieses destillierte Gift an die arme Landbevölkerung, welche den Jahrmarkt besucht, zu verkaufen. Später traf ich zwei Diakonen; aber leider scheinen auch sie nichts von der Wahrheit zu wissen. Von ihnen hörte ich, daß etwa zwanzig Familien ihre Verbindung mit den Mennoniten aufgegeben haben dadurch, daß sie Land von Lutheranern erworben haben, wodurch sie nach den Gesetzen das Recht verloren haben, vom Militärdienst befreit zu sein, und sobald dies geschieht, hören sie auf, Mennoniten zu sein.

Ich möchte gern diese Familien kennenlernen und werde wohl deshalb einige Tage länger hier bleiben. Ich habe an ihren Ältesten geschrieben, welcher etwa zwei oder drei Meilen von hier entfernt wohnt, und habe ihn um eine Unterredung gebeten, wenn möglich, um Gelegenheit, eine Ansprache an jenen größten Teil der Mitglieder zu halten, die sich morgen nicht in ihrem Bethaus versammeln. Die Mennoniten in der Tilsiter Gegend haben neuerdings zwei Versammlungsplätze, wo sonntäglich abwechselnd Gottesdienst abgehalten wird, wo sich aber immer nur der Teil der Glieder versammelt, in deren Lokal der Gottesdienst stattfindet. O, daß es dem Allmächtigen gefallen wollte, eine Tür unter diesen Leuten aufzutun und sie von diesem Schlaf zu erwecken, daß er sie lehre, seine Verordnungen zu beachten!

Tilsit, Dienstag früh, den 12. Oktober:

Eben bin ich von der Mennonitensiedlung auf dem Land zurückgekehrt, wo ich seit Sonntag früh war und dem Teil der Gemeinde predigte, der jenseits des Memelflusses wohnt. Ich hatte eine sehr aufmerksame Zuhörerschaft. Möge der Herr den ausgestreuten Samen segnen! Die Gemeinde hier und an dieser, der Tilsiter Seite des Flusses zählt etwas vierhundert Mitglieder. Nach dem Mittagessen fuhr ich über den Fluß, von zwei Predigern begleitet, besuchte den Ältesten, bei dem ich über Nacht blieb, und predigte am Montagmorgen von 10 bis 1/2 12 Uhr vor etwa zweihundert bis dreihundert sehr aufmerksamen und begierigen Zuhörern. Viele Tränen wurden vergossen, und ich hoffe viel Gutes von dieser Arbeit. Nach der Versammlung verteilte ich Traktate, die gern angenommen wurden und die hier auch sehr nötig sind, besonders die über die Enthaltsamkeit. Die Mennoniten hier sind in geistlicher Beziehung in einer traurigen Verfassung. Kartenspiel und Tanz sind bei ihnen erlaubt. Sie nehmen aber gar keinen Anteil an der Bibel- oder Traktatmission. Ihre jungen Leute werden mit dreizehn, vierzehn oder fünfzehn Jahren ›besprengt‹, und es wird bei ihrer Zulassung zum Abendmahl kein Gewicht auf Herzenserneuerung gelegt. Ein moralischer Wandel genügt.

Die hiesigen Mennoniten halten fest daran, den Militärdienst zu verweigern, was sie harten Maßnahmen seitens der Regierung aussetzt, so daß sie nicht einmal von Personen einer anderen Denomination Land kaufen dürfen. Mir wurde viel Liebe und Verehrung entgegengebracht und die herzlichste Einladung, wenn ich jemals wieder dieses Weges kommen sollte.

In Tilsit selbst regiert der Satan anscheinend ohne jegliche Störung. Es sind gar keine Zeichen von geistlichem Leben vorhanden. Hier ist ein junger Mann, den ich vor acht Tagen in Memel getauft habe. Er will sich hier als Goldschmied niederlassen und ist im Begriff, sich mit einer Schwester der Baptistengemeinde in Memel zu verheiraten. Ich hoffe, daß Gott ihn zu seiner Verherrlichung gebrauchen wird. Ich werde hier

Das Neue Testament, »zu haben bei J. G. Oncken«

eine Bibel- und Traktatniederlage eröffnen, die unter seiner Leitung stehen soll.

Königsberg, Mittwoch, den 13. Oktober:
Hier besuchte ich L., der vor acht Jahren auf der Durchreise in Hamburg

getauft wurde. Er verteidigt wohl noch baptistische Grundsätze, hat sie aber im täglichen Leben verleugnet. Er sagte mir, daß die religiösen Menschen ihm das Leben so schwer gemacht haben, daß er endlich nachgab, seine Kinder besprengen ließ und in der Kirche zum Abendmahl ging. Ich habe natürlich offen mit ihm gesprochen und freue mich, daß er seine Sünde zugab und daß er die Hoffnung aussprach, mit Gottes Hilfe seine Überzeugung ausleben zu können. Seine Frau scheint eine fromme Frau zu sein und der Wahrheit der Gläubigentaufe nicht abgeneigt. Sie will Gottes Willen tun. Am Abend hatte ich eine kleine Versammlung in L.'s Hause und nachher eine lebhafte Unterredung über Kinderbesprengung und Gläubigenuntertauchung mit einem Freunde, der religiöse Versammlungen abhält. Es gehört Hiobs Geduld dazu, diesem absoluten Unsinn zuzuhören, den diese Menschen zur Verteidigung ihrer Theorie anwenden.

Elbing, Sonnabend, den 16. Oktober:
Donnerstag abends kam ich hier an und wurde von meinen alten Freunden, den Mennoniten, herzlich aufgenommen, besonders von Br. W., an dem vor acht Jahren der Geist Gottes in besonderem Maß gearbeitet hatte. Er erzählte mir, daß mein Besuch und besonders meine Worte beim Abschied: ›Herr W., es gibt nur zwei Wege‹ ihm zu großem Segen geworden sind und ihn dazu geführt haben, sein schlimmes Gewerbe aufzugeben und ein neues Leben zu führen. Gott sei die Ehre!
Predigte gestern zweimal, morgens in der Stadt, am Nachmittag in einer Mennonitenkapelle, fünf oder sechs Kilometer von Elbing. Die Beteiligung war trotz der spät ergangenen Einladungen eine gute. Gott gab mir Kraft, das Wort des Lebens zu reden.

Sonntag, den 17. Oktober, Markushof und Tiensdorf:
An diesen beiden Mennonitenorten predigte ich vor- und nachmittags. Möge Gott die Wahrheit segnen!

Montag, den 18. Oktober:
Übernachtete bei Johann Quiring in Rosengarth.

Heubuden, Dienstag, den 19. Oktober:
Hier bin ich bei einem der Mennonitenlehrer. Er ist von der Richtigkeit unserer Ausübung der Taufe überzeugt, doch meint er, eine Besprengung genügt. Mein Gastgeber und einige andere Mennoniten treten für die Verbreitung der Heiligen Schrift ohne Apokryphen ein und versuchen eine Gesellschaft zu organisieren zur Vorbereitung von Gottes Wort. Predigte heute abend zu etwa dreißig aufmerksamen Zuhörern. In Marienburg besuchte ich gestern einen ernsten Freund. Er und einige an-

dere erweckte Seelen versammeln sich um Gottes Wort. Ich versorgte ihn mit Traktaten und belehrte ihn über die Notwendigkeit, daß Gemeinden nach der apostolischen Art gebildet werden.

Bröskefeld, 20. Oktober, Mittwoch und Donnerstag:
Hier habe ich zwei interessante und nützliche Tage zugebracht. Predigte am Donnerstag vor etwa hundert aufmerksamen Zuhörern und am Nachmittag noch einmal einer kleineren Anzahl. Es gibt hier einige fromme und eifrige Brüder unter den Mennoniten, die gern das Evangelium verbreiten wollen. Auch sie sind für die Verbreitung der Bibel ohne Apokryphen. Es soll ihnen ein guter Vorrat an Bibeln, Testamenten und Traktaten gesandt werden.

Danzig, Freitag, den 22. Oktober:
Blieb hier nur einige Stunden, da ich begierig bin, Bütow bis Sonnabendabend zu erreichen, welches etwa zehn Meilen von hier liegt. Besuchte den Mennonitenpastor, einen frommen und intelligenten Mann, der sich für unsere Arbeit interessiert. Er will sehr gern mit uns in der Bibel- und Traktatverteilung arbeiten. Er erhält kleinen Vorrat.

Bütow, Sonntag, den 24.:
Diesen Ort besuchte ich, um eine persönliche Bekanntschaft des Herrn Tilgner zu machen, der die Gläubigentaufe empfangen hat, doch mußte ich hören, daß er nach Rummelsburg verzogen ist, wo, wie man mir sagte, mehrere Personen Baptisten geworden sind. Es sind eine große Anzahl Christen in dieser Gegend, die aus der Kirche ausgetreten sind und sich zu einer Gemeinschaft zusammengetan haben. Sie wollen dem Neuen Testament folgen, doch fehlt es ihnen sehr an der richtigen Unterweisung über das Wesen einer neutestamentlichen Gemeinde. In ihren Versammlungen wird viel geseufzt und geschluchzt. Heute abend predige ich einer kleinen Gesellschaft von etwa dreißig Personen, die ich dann mit Traktaten versorgte. Mit mehreren sprach ich über die Taufe, worüber sie vollständig unwissend waren. Gott segne den heute ausgestreuten Samen!

Rummelsburg, den 26., Dienstag:
Kam gestern abend hier an, begleitet von zwei Gotteskindern aus Morgenstern, wo ich einige Stunden war und wo ich einige Gläubige fand, die eben im Begriff waren, sich Br. Tilgner anzuschließen, der die Kinderbesprengung verworfen und die Gläubigentaufe durch Untertauchung empfangen hat. Eine Anzahl Personen hat er schon getauft, und ich bin begierig, diese kennenzulernen. Aber da sie in einem Umkreis von vier Meilen zerstreut wohnen, können sie nicht gut bis morgen abend ereicht

werden, wo wir uns in einem kleinen Dorf versammeln wollen, etwa drei Meilen von hier. Tilgner und ein anderer dieser Bekehrten, den ich getroffen habe, sind sehr entschiedene Charaktere und in manchen kleinen Dingen vielleicht zu eng. Sie sind große Gegner der Staatskirche und besonders der Priester, von denen sie teilweise sehr verfolgt wurden.

Rummelsburg, Donnerstag früh, den 28.:
Über zwanzig Personen sind hier und in einigen anderen Dörfern der Nachbarschaft von Br. Tilgner getauft worden. Ich war sehr gespannt, sie kennenzulernen, darum wurden Boten nach ihnen ausgeschickt und eine Versammlung für Mittwoch vorbereitet in einem einsam liegenden Ausbau, etwa drei Meilen von hier, wo sich die Gemeinde wenigstens monatlich versammelt und wo dann Abendmahl gehalten wird. Der Weg zu diesem Haus führte fast nur durch Wald. Wir erreichten das Haus um 1/2 9 Uhr abends. Fast alle Mitglieder und eine Anzahl Freunde waren anwesend. Um 1/2 9 Uhr begann ich zu reden und sprach bis 1/2 11 Uhr. Dann prüfte ich einen Taufbewerber, ehe wir zu der heiligen Handlung schritten. Wir hatten etwa zwei Kilometer zu gehen, bis wir an einen der herrlichen Seen kamen, mit denen dieser Teil des Landes gesegnet ist. Fast die ganze Versammlung begleitete uns. Das Wetter war unbeschreiblich schön, die Szene romantisch, und unsere Herzen fühlten, wie gut es ist, dem Herrn zu dienen. Nach der Taufe knieten wir alle unter freiem Himmel nieder, um unseren Bruder und uns alle ihm zu befehlen, der mit seinen Dienern ist allezeit, wo und wann immer die heilige Handlung vollzogen wird. Der Weg zum Haus zurück ging wieder durch den Wald. Ich verbrachte noch eine Stunde mit einigen der Brüder, indem ich sie belehrte, wie sie sich gegenüber der Kirche und der Welt verhalten sollten, und um 2 Uhr nachts setzte ich mich auf mein Bündel Stroh auf einen alten Wagen, der von einem alten Gaul gezogen wurde, und um 6 Uhr erreichte ich Rummelsburg. Die Brüder hier sind sehr arm, scheinen aber einfältigen Herzens zu sein und haben Furcht, irgend etwas in ihr Glaubensbekenntnis aufzunehmen, das nicht mit der Bibel übereinstimmt. Möge Gott sie bewahren, segnen und vermehren! Ich hoffe, daß hier ein weites Feld für die Verbreitung der Heiligen Schrift sein wird.

Seehof, Montag, den 1. November:
Hier kam ich am Freitag an und wurde von meinem alten Freund, Herrn von Below, herzlich empfangen. Die Edinburger Traktatgesellschaft hat seit einigen Jahren einen Kolporteur in dieser Gegend angestellt. Er war gerade zu Hause, so daß ich mit ihm über seine Arbeit sprechen und ihn ermutigen konnte, treu weiterzuarbeiten. Der Bruder predigt auch, und

Gott segnete seinen Dienst durch die Bekehrung von Sündern. Br. von Below und die Gläubigen, die sich um ihn sammeln, haben sich von der Kirche getrennt, doch haben sie die lutherische Lehre. Ich hatte einigemal Gelegenheit, die Schrifttaufe zu verteidigen, wogegen man nichts einzuwenden wußte. Am Sonntag durfte ich zweimal vor großen Versammlungen predigen. Die Leute waren sehr gerührt. Ich hoffe, daß durch Gottes Segen bleibende Frucht erzielt wird. Zum Schluß wurde eine große Anzahl Traktate verteilt.

Trieglaff, den 3. November:
Besuchte einen adligen Christen, bei dem ich übernachtete. Er gab mir fünf Taler für Traktate und bat mich, ihn mit recht vielen zu versehen.

Stettin, Donnerstag, den 4.:
Ich wurde von den Gläubigen in dieser Stadt sehr freundlich aufgenommen, trotzdem wir in manchen Punkten verschiedener Meinung waren. Zu Mittag aß ich bei Herrn W., der mehrere Freunde eingeladen hatte, unter ihnen auch einen Regierungsbeamten, mit dem ich eine lange Unterredung über die Taufe hatte. Alle waren überzeugt, daß wir nach der Schrift handeln, und der Beamte gab seiner Freude Ausdruck, mich kennengelernt zu haben. Er sagte: ›Ich bin ganz Ihrer Meinung und habe schon seit langem Zweifel an der Kindertaufe gehabt.‹ Diesem Herrn gab ich Pengillies Schrift in deutscher Ausgabe und Beebys Schrift ›Baptisten des 15. und Baptisten des 19. Jahrhunderts‹. Besuchte noch mehrere andere Gläubige und habe interessante Verbindungen angeknüpft für die Bibel-, Traktat- und Enthaltsamkeitssache. Es könnte hier, mit Gottes Hilfe, viel geschehen, wenn Br. Lehmann öfters einmal hierher kommen und eine oder zwei Wochen hier arbeiten könnte. Einer der Freunde, den ich hier besuchte und der tätig Anteil nimmt an der Ausbreitung der Heiligen Schrift, scheint von der Taufe überzeugt zu sein; da er aber ganz allein steht, fehlt ihm die Kraft, der Wahrheit zu folgen.«

Wie sehr Oncken bei seinen Reisen auf der Hut sein mußte, mag die folgende Episode verdeutlichen. Wieder einmal suchte ihn die Polizei. Oncken befand sich in einer Postkutsche, als ein Beamter den Schlag öffnete und fragte: »Ist hier ein Herr Oncken?« Oncken, der ganz vorne saß, wandte sich an das Wageninnere und wiederholte mit lauter Stimme: »Ist hier ein Herr Oncken?« Keine Antwort. Der Beamte schlug die Tür zu, und weiter ging die Fahrt.

Der Hamburger Brand 1842

In Hamburg sah sich Oncken nach einem geeigneten Versammlungsraum um und fand ihn versteckt schließlich auf einem Hinterhof in
der 2. Marktstraße (heute Markusstraße). Dort mietete er einen drei-
stöckigen Speicher, der für die Gottesdienste und für das Lager des

Speicher in der 2. Marktstraße

Traktatvereins und des Buchgeschäfts geeignet erschien. Doch lassen
wir Oncken selbst berichten.

»Der Weg zu diesem Speicher war dunkel, ganz geeignet für unseren Zu-

Gang zum Speicher 2. Marktstraße

Pesthügel

Grandgrube

Reform!
Begr. Pl.

St. Johanis
Begr. Pl.

Catholisch
Begr. Pl.

St. Pauli
Begr. Pl.

St. Petri
Begr. Pl.

St. Nicolai
Begr. Pl.

St. Ger

St. Michael
Begr. Pl.

St. Catharinen
Begr. Pl.

Gassen
kummer
Platz

bei der Glashütte

Botanischer Garten

Wall

Dammthor

grosse Drehbahn

Valentins- Kamp

Heiligen Geist Feld

Neue Stras se

Kurze Str.

Marien Str.

Peter Str.

Grossneu-
markt

Alter Steinweg

VORSTADT

Strasse

Marien Strasse

Millernthor

Zeug
haus
markt

Mühlen Str.

Schlachter
Kreyenkamp

Kreyen

St. Michaelis

Kl. Mich.

St. PAULI

Spielbuden

Böhmken Str.

Nicolai Str. Venusberg

Schaar
markt

Hafenthor

Neue Kyk

Alter Jonas Hafen

Neuer Jonas Hafen

Brumel
Hafen

Bull Hafen

Niederbaum

Blockhaus

Binnen Hafen

Kehrwieder

Flath

Ebbe

Brandenburger
Hafen

Kohlenlager

Hafen b.

NORDER

Hamburg 1842. Lithographie von Th. Boehden

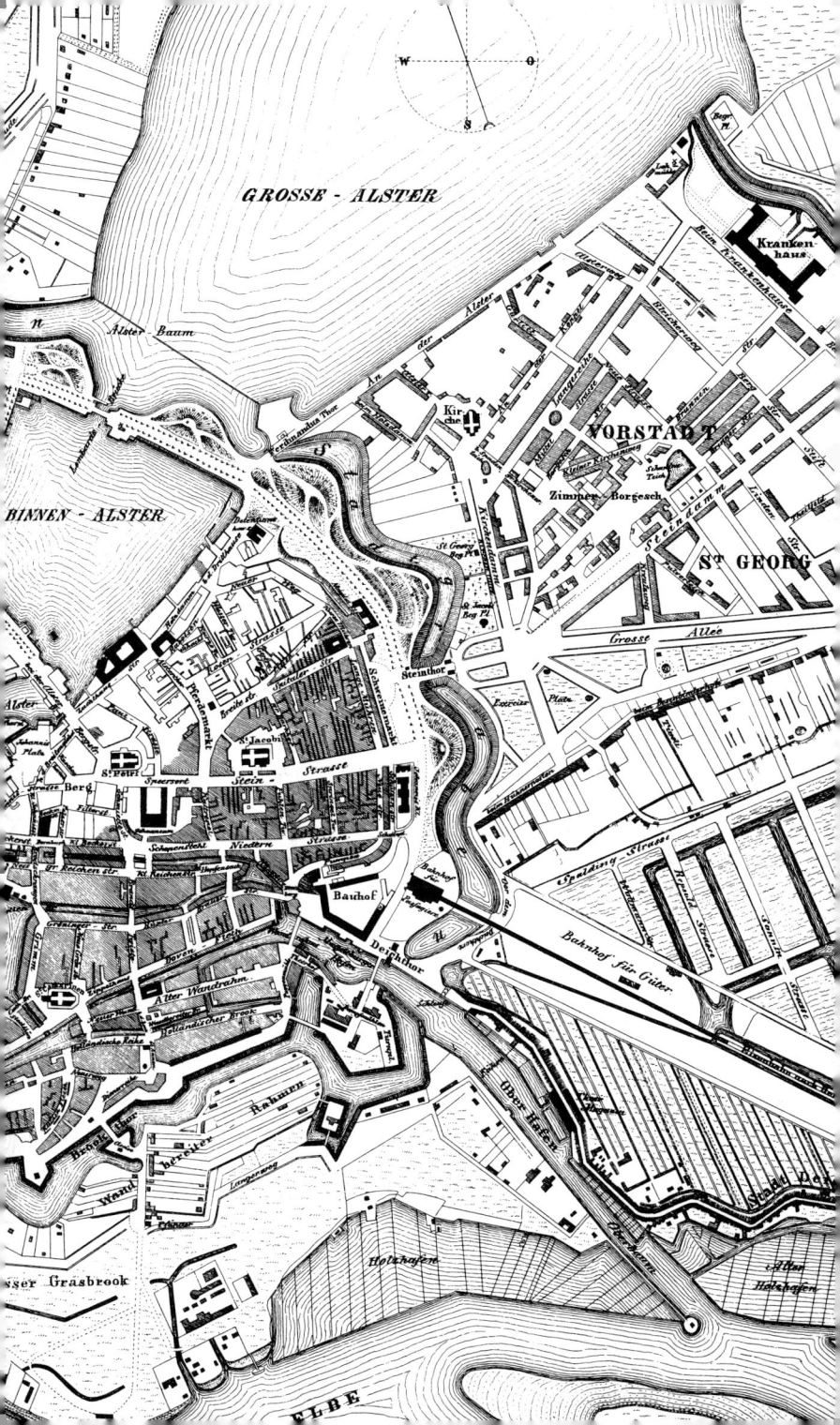

GROSSE - ALSTER

W
S
O

Krankenhaus

N Alster-Baum

BINNEN - ALSTER

Alster

VORSTADT

Kirche

Zimmer - Borgesch

St Georg Beg Pl

Steindamm

ST GEORG

Grosse Allee

Steinthor

Polizei Platz

Spalding - Strasse

Bahnhof für Güter

Pferdemarkt
Breite Str
St Pauli
St Jacobi
Speerwort
Stein- Strasse
Niedern Strasse
Reichen str

Bauhof

Bahnhof

Deichthor

Alter Wandrahm

Holländische Brook

Brook

Rahmen

Weuberger

Langerweg

Holzhafen

Alter Holzhafen

Stadt De...

Grosser Gräsbrook

ELBE

stand, (er) führte durch das Tal der Todesschatten. Ich dachte, es wird nicht lange dauern, dann haben sie uns bei (wegen der fehlenden) Concession. Der liebe Gott nahm seinen Fidibus, und das Feuer kam.«

Was Oncken hier über dreißig Jahre später humorvoll erzählt, stellt eines der erschreckendsten Ereignisse in der Geschichte der Stadt Hamburg dar. Vom 5. bis zum 8. Mai 1842 tobte eine Feuersbrunst durch die Altstadt der Hansestadt. Das auf der Karte weiß gekennzeichnete Drittel der Altstadt ging in Flammen auf. Zwanzigtausend Menschen wurden obdachlos, 51 verloren ihr Leben. Das Ereignis war Tagesgespräch in aller Welt. Viele Prediger in der Stadt und außerhalb deuteten das Feuer als Gottesruf zur Buße. So erklärte der von Oncken geschätzte Pastor Rautenberg: »Wir blicken auf den Herrn im Feuer, das unsere Stadt verheert«, und er fuhr fort: »So wird dasselbe uns:

1. ein helles Licht, dabei die Größe seiner Macht,
2. eine scharfe Fackel, dabei den Ernst seines Urteils,
3. eine ernste Leuchte, dabei den Weg seines Heiles,
4. ein milder Schein, dabei den Trost seiner Gnade zu erkennen.«

Was hat diese Katastrophe nun mit dem Weg der Gemeinde zu tun? Oncken berichtet weiter:

»Bruder Schauffler (ein Mitarbeiter in seiner Buchhandlung, später sein Schwiegersohn) und ich machten uns am Sonntagmorgen auf, nach(zu)sehen, ob wir helfen können. (Wir trafen eine obdachlos gewordene Frau.) ›Was soll ich anfangen?‹ Arme Frau! Wir nahmen einen Kerl mit Schiebkarre (zu Hilfe), fünf Mark dreizehn haben wir bezahlt, luden auf die Karre soviel als möglich, (der) Kerl mußte schieben, Schauffler zog, ich balancierte übern Wall, eine Seite das Feuermeer, das war (die) Einweihung der Kapelle! Ich offerierte dem Stadthaus zwei Etagen, (was) mit allem Dank angenommen wurde. (Sie haben dann) Leute gesandt. Unten (stapelte man) die Sachen, zwei Etagen mit Leuten, sechs bis acht Monate. Der Weg war gebahnt. Bei uns war alles in Ordnung. Wir bekamen schließlich ein Dank(schreiben) der Obrigkeit. (Senator) Binder war ehrlich genug zu sagen: ›Meine Ansicht von Ihnen hat eine andere Ge-

Hamburg in der Nacht vom 5.–6. Mai 1842.
Lithographie von Peter Suhr

stalt genommen, ich sehe nun ein, wir müssen Ihnen geben, was Sie wollen.‹ Von der Obrigkeit hörten alle Verfolgungen auf, (nicht aber vom) Pöbel.«

Hans Luckey hat ermittelt, daß der behördliche Dank die Gemeinde nicht unmittelbar erreichte, wie es nach Onckens Erinnerungen den Anschein hat. Vielmehr gab es noch 1843 mancherlei Schwierigkeiten. So mußte Oncken im Mai »sein altes Logis« im Winserbaum, wie er sagte, nochmals aufsuchen, diesmal aufgrund einer Anzeige eines lutherischen Propstes aus dem benachbarten Altona – wegen unerlaubten Taufens.

Julius Köbner schließlich wurde wegen eines durch böswillige Verleumdung hervorgerufenen Menschenauflaufs in der 2. Marktstraße verhört. Bei dieser Gelegenheit gestand er freimütig, daß er in der 2. Marktstraße gepredigt habe. Dieses von Oncken gemietete Versammlungslokal sei der Polizei ja sicherlich bekannt, schließlich habe auch die Presse im Zusammenhang mit dem Brand von der Hilfeleistung der Gemeinde berichtet. Erst auf Köbners Wunsch hin erhielt die Gemeinde das von Oncken erwähnte Dankschreiben für die uneigennützig geleistete Unterkunft und Versorgung von etwa 70 Obdachlosen über anderthalb Jahre zuvor. Gerichtet ist das Schreiben nicht etwa an die Gemeinde; bei den Behörden sprach man auf ausdrückliche Anweisung von ihr als von »Oncken und Konsorten« und – in diesem Falle – von der »Sektion 2. Marktstraße«.

Als der Dichter Heinrich Heine ein Jahr nach dem verheerenden Brand Hamburg wiedersah, faßte er seine Beobachtungen unter anderem in die Verse:
> »Die Stadt, zur Hälfte abgebrannt,
> Wird aufgebaut allmählich;
> Wie 'n Pudel, der halb geschoren ist,
> Sieht Hamburg aus, trübselig.«

Den Hamburgern legte er in den Mund:
> »Der materielle Schaden ward vergütet,
> Das ließ sich schätzen–
> Jedoch den Schrecken, unseren Schreck,
> Den kann uns niemand ersetzen!«

Heine weiter:

> »Aufmunternd sprach ich: Ihr lieben Leut',
> Ihr müßt nicht jammern und flennen;
> Troja war eine bessere Stadt,
> Und mußte doch verbrennen.
>
> Baut eure Häuser wieder auf
> Und trocknet eure Pfützen,
> Und schafft euch beßre Gesetze an
> Und beßre Feuerspritzen.«

Auch ohne den spöttischen Rat des Dichters haben die Hamburger mit gewohntem hanseatischen Gleichmut und einer guten Portion Geschäftstüchtigkeit den Wiederaufbau sogleich begonnen. Von den Arbeitsmöglichkeiten angezogen strömten viele Handwerker von auswärts in die Stadt. Einige fanden in der Baptistengemeinde Anschluß, die ohnehin viele Handwerker in ihrer Mitte hatte. Dort erfaßte sie die Botschaft des Heils von Jesus Christus. Nicht alle wurden in Hamburg seßhaft, sondern zogen weiter, nun zugleich Träger des Evangeliums. Als »Missionare« in ihrem Beruf oder als Kolporteure der Bibelgesellschaft oder des Traktatvereins verbreiteten sie in vielen Gegenden, in denen Deutsch gesprochen wurde, die biblische Wahrheit von Sünde und Gnade, von Wiedergeburt und der Gemeinde der Gläubigen. Einige wurden bereits in ihrer Hamburger Zeit wegen unerlaubter religiöser Betätigung aufgegriffen und der Stadt verwiesen, von Oncken noch schnell mit Traktaten und etwas Reisegeld versorgt. Andere nahm man anderorts aus denselben Gründen fest und schob sie über die nächstliegende Grenze ab. Stellvertretend für manche bekannte und viele unbekannt gebliebenen Zeugnisse dieser Handwerkermissionare hier der Bericht eines Tischlergesellen, Joseph Marschall aus Österreich.

> »Als ich 1843 nach Hamburg kam, besorgte ich sehr, daß ich vom Glauben der katholischen Kirche, den ich für den alleinseligmachenden hielt, abfallen könnte. Ich war daher eifrig in meinem Gottesdienst, gelobte, selbst mein Leben für meinen Glauben zu lassen, und freute mich, ein guter Christ zu sein. – Anfang 1844 blieb ein Bekannter von unserer gewöhnlichen Sonntagsunterhaltung fort. Es hieß, er sei nicht nur unzu-

frieden mit seinem Glauben geworden, er habe auch den Verstand verloren, da er jetzt nur von heiligen Dingen rede. Ich war darüber betrübt und suchte ihn zu warnen. Er aber bat mich, mit ihm dahin zu gehen, wohin er gehe; so kam ich in die Versammlung, ohne zu wissen, welcher Art sie war.

Hier hörte ich nun des Menschen natürlichen Zustand in der Sünde klar und ungeschminkt, dem Evangelio gemäß, schildern. Da ich aber kein Weihwasser sah und nicht bemerkte, daß die Leute sich bekreuzten, kam mir der Gedanke, ob nicht so fromme Leute, die richtig nach der Bibel lehrten, doch wohl selig werden können, ohne katholisch zu sein. Ich ging also alle Sonntage zur Versammlung, wenn auch mit Furcht, meinen Glauben zu verlieren. Bald jedoch erkannte ich, daß ich bisher gar kein wahrer Christ gewesen sei, ließ meine vermeintliche Frömmigkeit fahren und ergriff Jesum Christum im lebendigen Glauben, als den einzigen Weg zur Seligkeit.«

Dieser Tischlergeselle wurde dann zusammen mit fünf anderen jungen Männern eigens für den Dienst der Bibel- und Traktatverbreitung in Österreich-Ungarn ausgesandt. Bei den strengen Religionsgesetzen in katholischen Ländern war dies ein besonders gefährlicher Weg, zumal nach ersten Kontakten mit der Bevölkerung regelmäßig der Versuch folgte, Versammlungen zu halten, was möglichst geheim bleiben mußte.

Sammlung und Sendung der Baptisten

Das Anliegen der jungen deutschen Baptistengemeinden tritt in dem Titel ihrer ersten Zeitschrift hervor, die Oncken in seinem Verlag erscheinen ließ: »*Missionsblatt der Evangelisch-Taufgesinnten*«. So lautete der Titel von 1844 bis 1850, danach bis 1878 »*Missionsblatt der Gemeinde getaufter Christen*«. Mission und Gemeinde, Sendung und Sammlung sind die beiden Brennpunkte. Die Sendung ist mit dem Evangelium gegeben, deshalb wollten sie sich selbst »Evangelisch« nennen, was ihnen aber nicht zugestanden wurde. Die Sammlung der dem Evangelium Glaubenden aber sollte in Gemeinden von

Die erste Nummer vom »Missionsblatt«
(Vergleiche Seite 114)

Christen erfolgen, die nach biblischem Vorbild getauft worden sind. Das Missionsblatt enthielt bis zum Mai 1848 übrigens keinerlei Nachrichten über die Gemeinden in Deutschland, da die Zensurbehörde dies untersagte.

Interne Berichte über die Ausbreitung des Werkes sind hingegen in den Akten und Publikationen der Amerikaner (des Foreign Mission-Board in Boston) und englischer Freundeskreise enthalten, die Onkken und eine zunehmende Zahl fest angestellter Mitarbeiter seit 1835 unterstützten. Einige in Onckens Copy-Book enthaltene Briefentwürfe sowie das Kassenbuch der Jahre 1835 bis 1852 zeigen, wie eng die Beziehungen zu den Glaubensgefährten in der angelsächsischen Welt waren, bei aller Besonderheit in der Entstehung und Entwicklung der Arbeit auf dem europäischen Kontinent.

Gottfried Wilhelm Lehmann mußte 1843 ebenso wie die Hamburger sechs Jahre zuvor wieder einmal bei der Behörde ein Glaubensbekenntnis einreichen. Diesmal griff er auf den Hamburger Text zurück, sah ihn durch und gab ihn mit einigen Änderungen in Druck. Als Oncken dieses »*Glaubensbekenntniß der Baptisten-Gemeine in Berlin*« zu Gesicht bekam, war er einigermaßen erschrocken. Denn nun traten deutlich Unterschiede gerade in der Lehre von Taufe und Abendmahl hervor, die bisher nicht beachtet worden waren. Nicht, daß man sich in der Beachtung der neutestamentlichen Taufpraxis und den Folgerungen für den Gemeindeaufbau uneins gewesen wäre. Verschieden gesehen wurde, was Taufe und Abendmahl bedeuten und was in Taufe und Abendmahl eigentlich geschieht. Lehmann, aus dem lutherischen Pietismus herkommend, lehrte:

»Wir glauben, daß die Taufe, nach dem geoffenbarten Willen des Herrn vollzogen, nicht ein bloßes Zeichen sei, sondern das, unter den nötigen Voraussetzungen, *sie das wirklich gibt und zu Stande bringt*, als ein Mittel der Gnade, *was sie bedeutet*, daß wir dadurch aus dem alten Adam in den neuen Christum versetzt, seiner sichtbaren Gemeine auf Erden einverleibt, des Heiligen Geistes und aller Segnungen des Hauses Gottes teilhaftig werden.«

Und vom Abendmahl:

»Diese vom Herrn seiner Gemeine verliehene gnadenvolle Stiftung, wodurch sein Tod verkündigt werden soll bis zu seiner Wiederkunft, und welche wir als ein unschätzbares Gnadenmittel betrachten, von dem wir häufig Gebrauch machen sollen, besteht darin, daß von dem Diener des Wortes, unter Aussprechung der Einsetzungsworte Christi, Brot gebrochen, und dieses dann, sammt Wein aus dem Kelche, von den Mitgliedern der Gemeine genossen wird, als die von Christo verordneten Zeichen seines geopferten Leibes und vergossenen Blutes und als Zeichen der Aufnahme des lebendigen Christus in die gläubige Seele.
Aber diese Zeichen sind ebenfalls nicht bloß symbolischer Natur, sondern in dem treuen und gläubigen Genusse dieser Gnadenzeichen *teilt Christus sich selbst wahrhaftig mit, und das, was die Zeichen bedeuten, geschieht wirklich*, kraft des Wortes des Herrn: ›Nehmet, esset und trinket, das ist mein Leib, mein Blut‹; und Pauli: ›Es ist die Gemeinschaft des Leibes und Blutes Christi, und welcher unwürdig isset und trinket, der isset und trinket sich selber das Gericht, damit, daß er nicht unterscheidet den Leib des Herrn.‹«

Oncken jedoch war im schottischen Calvinismus verankert und betonte den Symbolgehalt der Sakramente, ohne das Handeln Gottes in ihnen von dem Wirken Gottes sonst zu unterscheiden. In einem Kreis von Brüdern wurde nun in mehreren ausführlichen Gesprächen ein gemeinsames ausführliches »*Glaubensbekenntnis und Verfassung der Gemeinden getaufter Christen, gewöhnlich Baptisten genannt. Mit Belegen aus der Heiligen Schrift*«, beraten und 1847 verabschiedet. Die hamburgische Censurkommission erteilte dafür sogar eine Druckgenehmigung. In der Sakramentslehre einigte man sich auf die Wendung:

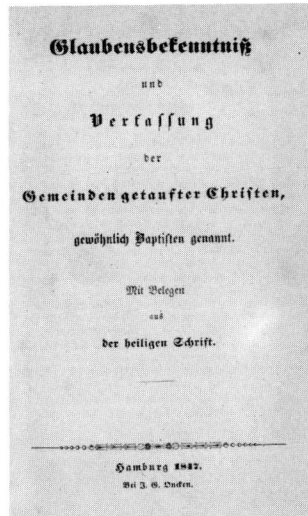

Glaubensbekenntnis Berlin 1843   Glaubensbekenntnis 1847

»Die Taufe ist eine Erstlingsfrucht des Glaubens und der Liebe zu Christo, der Eintritt in den Gehorsam gegen den Herrn und in seine Gemeine. Sie ist die *feierliche Erklärung, das Bekenntnis des Sünders,* der das Schreckliche der Sünde und die Verdammlichkeit seines ganzen Wesens erkannt hat: daß er alle seine Hoffnung allein auf den Tod und die Auferstehung Jesu Christi, seines Heilandes, setze und an Ihn glaube, als den Erlöser vom Fluch und Sold der Sünde, – daß er sich mit Leib und Seele Christo ergebe und ihn anziehe, als seine Gerechtigkeit und Stärke, – daß er seinen alten Menschen in den Tod gebe und mit Christo in einem neuen Leben zu wandeln wünsche.

Die Taufe ist aber auch die *feierliche Erklärung und Versicherung Gottes an den gläubigen Täufling,* daß er versenkt sei in Christo Jesu, und also mit ihm gestorben, begraben und auferstanden; daß seine Sünden abgewaschen seien, und daß er ein liebes Kind Gottes sei, an welchem der Vater Wohlgefallen habe. Die Taufe soll das *Bewußtsein* seiner Errettung und Seligkeit in dem Täufling bestimmter und kräftiger *hervorrufen,* und solches will Gott wirken durch eine *Versiegelung mit dem Heiligen Geiste,* doch nur da, wo er zuvor durch diesen Geist den wahren seligmachenden Glauben an den Sohn Gottes, an die Kraft seines Todes und seiner Auferstehung hervorgebracht hat.«

»Wir glauben, daß in diesen heiligen Zeichen (des Abendmahls) Christus seinen Leib und sein Blut den Gläubigen auf eine *geistige* Weise zu genießen gibt. Die Gemeinschaft des Leibes und Blutes Christi im Genuß des heiligen Abendmahls soll dem Gläubigen ein göttliches Unterpfand sein, wodurch das *Bewußtsein seines Anteils an Christo* und seinem Opfer *erhöht und gestärkt* und wodurch die von ihm im Glauben ergriffene *Vergebung der Sünden* ihm immer wieder *erneuert und zugesichert* wird.«

Dieses Glaubensbekenntnis bildete fortan die Basis für alle Gemeinden und tat gute Dienste bei Verhören und im Unterricht für Taufbewerber. Es wurde erst 1912 überarbeitet und besonders in dem Teil, der die Gemeindeverfassung enthielt, gekürzt und den veränderten Verhältnissen der späteren Generation angepaßt. Fast hundert Jahre nach der ersten Fassung ist es 1944 durch das Glaubenbekenntnis des Bundes Evangelisch-Freikirchlicher Gemeinden abgelöst worden, nachdem sich die Baptistengemeinden mit dem Bund freikirchlicher Christen (BfC) zusammengeschlossen hatten. (Der BfC bildete den Verband der im Dritten Reich unter besondere Bedrängnis geratenen Christlichen Versammlung, des deutschen Zweiges der darbystischen Brüderbewegung.) – 1977 wurde den Gemeinden eine völlig neu erarbeitete »Rechenschaft vom Glauben« zum Gebrauch empfohlen.

Oncken hat dem Glaubensbekenntnis von 1847 in Lehr- und Strukturfragen eine hohe Stellung zuerkennen wollen. Welche Bedeutung faktisch Glaubensbekenntnisse im deutschen Baptismus auch zur Zeit Onckens hatten, umschreibt das Vorwort der Revision von 1912.

»Dieses Glaubensbekenntnis ist entstanden aus der Notwendigkeit, öffentlich darzutun, in welchen Lehrstücken des christlichen Glaubens unsere Gemeinschaft mit der evangelischen Christenheit auf Erden übereinstimmt und worin sie sich von ihr unterscheidet.
Wir betrachten dies Bekenntnis als den angemessensten Ausdruck des Gemeinglaubens der deutschen Baptisten, ohne ihm eine das Gewissen des einzelnen Gläubigen oder Lehrers bindende Macht zuzuerkennen. Wir wissen uns vielmehr gebunden nur an die Heilige Schrift und haben das völlige Vertrauen zum Geiste Jesu Christi, daß er seine Gemeinde in alle Wahrheit leiten wird.«

Die vielfältigen, oft spannungsvollen Beziehungen zu den anderen

Kirchen und zum Staat, aber auch das durch das gemeinsame Glaubensbekenntnis im Ansatz überwundene Nebeneinander der Gemeinden ließen eines deutlich werden: Der deutsche Baptismus brauchte eine überörtliche Struktur. Das Revolutionsjahr 1848 brachte mancherlei Auflockerung. Gottfried Wilhelm Lehmann erkannte die Gunst der Stunde und führte die Gemeinden Preußens in einer »Vereinigung« zusammen. Im Januar 1849 folgte dann in Hamburg die Gründung des »Bundes der vereinigten Gemeinden getaufter Christen«. Über die Verhandlungen der ersten und aller weiteren Bundeskonferenzen liegen ausführliche Protokolle vor, Spiegelbilder der Motive, Ziele und Lebensart der Gemeinden.

»Zweck des Bundes« sollte sein:
»1. Bekenntnis
 2. Kräftigung der Gemeinschaft
 3. Mission
 4. Statistik«

Das gedruckte Protokoll der ersten Bundeskonferenz 1849

Der Schwerpunkt liegt auf der Mission. Man hat das 19. Jahrhundert das Jahrhundert der Mission genannt. Einzelne Gläubige aus allen Konfessionen fanden sich allerorten in Missionsgesellschaften zusammen. Lehmann, mit den Missionsbestrebungen der Herrnhuter Brüdergemeine vertraut, sprach sich dafür aus, über den Rahmen des deutschsprachigen Werkes hinaus sogleich den Schritt in die Weite zu tun. »Solange ich zwei Pfennige habe, werde ich einen für die Heidenmission verwenden.« Oncken aber warnte vor einer Zersplitterung der Kräfte und schärfte den Abgeordneten die missionarische Sendung der Gemeinde ein: »Werden aber unsere Gemeinden soweit

91

erstarkt sein, daß es ihnen möglich wird, so sollten sie sich (dann) nicht darauf beschränken, der Heidenmission einige Beiträge zufließen zu lassen, sondern selbst ihre Boten zu den Heiden zu senden.« Und er stellte den Grundsatz auf: »Jede apostolische Christengemeinde muß eine Missionsgesellschaft sein, und dies sind die rechten, vom Worte Gottes eingesetzten Missionsgesellschaften.« Diese Sicht beflügelte den Eifer der einzelnen Mitglieder in den Gemeinden.

Oncken wird das Motto zugeschrieben: »Jeder Baptist ein Missionar.« Was dies bedeutet, können wir ermessen, wenn wir die Entstehungsgeschichte dieses Satzes lesen. Im Jahr 1862 weilte Oncken zum wiederholten Mal in England. Einer seiner Gesprächspartner, Dr. Guthrie in Edinburgh, fragte ihn: »Wie viele Missionare haben Sie?« Oncken antwortete: »Siebentausend!« »Entschuldigung«, antwortete der Doktor, »ich fragte nach der Zahl der Missionare.« »Ich weiß«, war die Antwort, »aber uns gilt jedes Mitglied als Missionar (›but we consider every member as a missionary‹).« Dr. Guthrie erhob sich von seinem Platz, ging im Raum hin und her und wiederholte den Satz: »Das ist die Sache! Das ist der Weg, die Welt zu evangelisieren.«

Jedes Mitglied ein Missionar – ursprünglich kein Appell an träge Gemeindeglieder, auch kein Aufruf, Mitglieder für Baptistengemeinden zu werben, sondern das Selbstverständnis von Christen, die das allgemeine Priestertum aller Gläubigen auch in Sachen Mission ernst nehmen wollten. So konnte Julius Köbner schon 1851 von seiner Rede auf einer der ersten Konferenzen der Evangelischen Allianz in London berichten:

»Ich suchte zu zeigen, daß seit dem Jahre 1834 der Herr die getauften Christen als Missionare in Deutschland hingestellt und überschwenglich gesegnet habe, so daß Häuflein derselben sich jetzt vom Süden bis zum Norden, und vom Osten bis zum Westen Deutschlands finden, und Zweige dieser Mission sich selbst bis in Dänemark und Schweden hinein erstrecken. Von diesen ausgesandt, arbeiten jetzt in Deutschlands Gauen 60 Boten des Evangeliums, die ihre ganze Zeit dem Werke widmen; doch seien die 3750 Mitglieder der Gemeinden alle als Missionare zu betrachten, die, so weit ihre Zeit und Kräfte reichten, für das Reich des Herrn tätig wirkten, was schon daraus erhelle, daß sie jährlich etwa 800000 Tractate verbreiten. Von der angegebenen Mitgliederzahl bestehe nur etwa der fünfte Teil aus solchen, die nicht durch unsere Mission bekehrt worden zu dem Herrn. Schließlich bat ich um die Fürbitte der Versammlung für unser deutsches Missionswerk.«

Ein verpflichtendes Erbe der Väter.

Julius Köbner

Der enge Raum zwischen Staat und Kirche

Die Revolution 1848 förderte vorübergehend die Ausbreitung der Gemeinden. Julius Köbner nutzte die allgemeine Liberalisierung, um in einem »*Manifest des freien Urchristentums an das deutsche Volk*« die Religionsfreiheit für jedermann zu fordern. Sein Büchlein wurde im Verlauf der Reaktion verboten. Die demokratischen Traditionen der angelsächsischen Freikirchen erschienen in Deutschland als gefährlich. Daß die deutschen Baptistengemeinden aber in politischer Hinsicht ansonsten nichts Revolutionäres verlangten und sich von Barrikadenkämpfen aller Art fernhielten, blieb nicht verborgen. Oncken diente gar als Corporal in der Hamburger Bürgergarde.

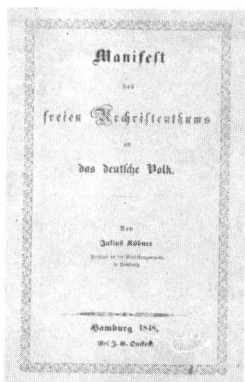

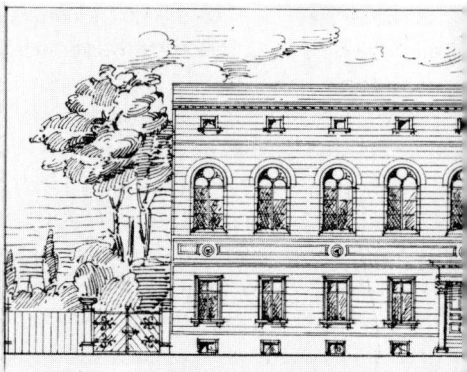

Köbners Manifest von 1848   *Die erste Berliner Kapelle (1848)*

Auf dem Höhepunkt der Revolution, im März 1848, konnten Lehmann und die Berliner Gemeinde ihr erstes Gotteshaus einweihen. Die Baupläne waren ursprünglich 1847 abgelehnt worden. Da hatte sich der Architekt eines Tricks bedient. Er hatte auf den Zeichnungen die Überschrift »Kapelle der Baptistengemeinde« ausgelöscht und den Entwurf mit der neuen Überschrift wieder eingereicht: »Wohnhaus für Herrn Lehmann«. Nun wurden die Baupläne genehmigt.

Auch die Herausgabe eines gemeinsamen Liederbuches war 1849 ein Verhandlungsgegenstand auf der ersten Bundeskonferenz. Julius Köbner übernahm die Zusammenstellung. So erschien in Onckens Verlag die erste »*Glaubensstimme der Gemeine des Herrn*«. Der Titel wurde später in »*Glaubensstimme für die Gemeinden des Herrn*« geändert. Hinter dieser unscheinbaren Abwandlung verbirgt sich ein Problem, das die Gemeinden noch sehr beschäftigen sollte und den deutschen Baptismus in eine schwere Krise führte. Dabei ging es weniger um das Verhältnis der »Gemeinden getaufter Christen« zu den Gläubigen in anderen Konfessionen, die auch zur Gemeinde Jesu zählten, wie die baptistischen Väter klar anerkannten. Oncken gehört zu den Wegbereitern der Evangelischen Allianz, hat er doch an der Gründungskonferenz in London 1846 teilgenommen. Auf Lehmanns Initiative geht sogar die Einrichtung eines deutschen Zweiges 1851 zurück, als der Allianz-Gedanke im staatskirchlich geordneten Deutschland nicht recht Fuß zu fassen schien. Das Problem war das

Verhältnis der Baptistengemeinden untereinander. Sollte, wie es zunächst schien, der gesamte Bund sich gewissermaßen als eine Gemeinde verstehen? Sollte der ältesten Gemeinde Hamburg mit ihren reichen Erfahrungen ein besonderer Rang zukommen? Lag doch zudem jahrelang – bis zur Bildung eines besonderen Komitees 1853 – die Verwaltung der Mittel in den Händen Onckens, ganz abgesehen von dem hohen Ansehen, das er als Gründer des Gesamtwerkes bis an sein Lebensende genoß. Und nicht von ungefähr teilte die Gemeinde in Hamburg ihre wichtigsten Beschlüsse zeitweilig den anderen Gemeinden mit. Onckens feste Meinung war: »Eine solche Unabhängigkeit der Gemeinde, wo sich keine um die andere zu kümmern hat, ist ungöttlich und päpstlich.« Die Entwicklung lief – nicht ohne Einfluß der amerikanischen Tradition – zu einer stärkeren Betonung der Unabhängigkeit jeder einzelnen Ortsgemeinde, naturgemäß auf Kosten des größeren Ganzen der Gemeinde Jesu, die unter der Not der

Glaubensstimme 1849

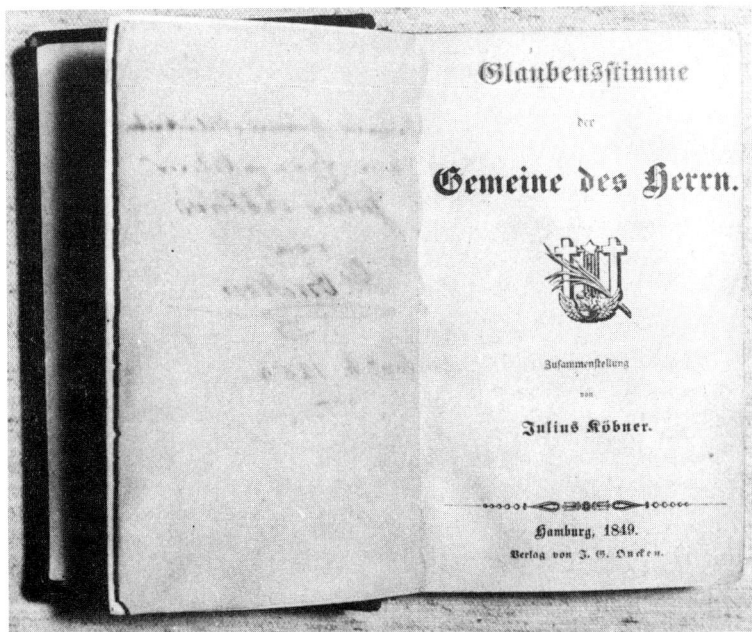

konfessionellen Zersplitterung schon genügend zu leiden hatte. Der ganze Fragenkreis stand schon auf der zweiten Bundeskonferenz 1851 auf der Tagesordnung; hier wurde der Einheitsgedanke noch stark betont, besonders durch Julius Köbner.

Johann Gerhard Oncken reiste im Frühjahr 1852 nach Berlin, um den erkrankten G. W. Lehmann zu vertreten. Überraschend wurde er durch den dortigen Polizeipräsidenten ausgewiesen, der sich auf eine Verfügung von 1841 – also lange vor der Revolution – berief. Hier halfen nun Kontakte mit Großbritannien weiter. Der preußische Gesandte in London, der Freiherr von Bunsen, nahm wahr, daß das Vorgehen der Polizei in seinem Heimatstaat außenpolitisch ungünstig wirkte. Er schrieb an seinen mit ihm auch persönlich verbundenen Dienstherrn, den König Friedrich Wilhelm IV. Dieser, als Romantiker auf dem Preußenthron bekannt, ein frommer Herrscher, nahm die polizeiliche Verfügung eigenhändig zurück. Seine Anweisung an die zuständigen Minister lautet:

»Sans Souci 29. May 52
Bey meiner tiefbegründeten Furcht vor Mißverständnissen spreche ich hier zum Überflusse aus, daß ich die gewährte Erlaubniß der Rückkehr nach Berlin, an einen gewissen Baptisten Prediger Oncken, nicht wie eine zeitweilige betrachte, vielmehr seinem Weilen daselbst, so wie seinem Verhältnisse zur Berliner Baptistengemeinde in keiner Hinsicht Schranken zu stellen gemeint bin. Eben so wenig will ich die volle Duldung solcher Sekten, die sich seit der Reformazion innerhalb des evangelischen Bekenntnisses gebildet u. sich als unbedenklich und gläubig bewährt haben, irgend anders beschränkt wissen, als in soweit es das Anstandsgefühl u. die Sicherheit des Staates es gebiethen.   (gez.) Friedrich Wilhelm.

An die Minister des Innern und des Cultus
H. v. Westphalen u. H. v. Raumer.«

Im Jahre 1855 gewährte der von den Baptisten sehr geschätzte König Oncken und Lehmann eine Audienz. Trotzdem hat es noch bis 1875 gedauert, bis die Baptisten in Preußen rechtlich Anerkennung erhielten. Zu eng war die althergebrachte Verbindung von Thron und Altar. Der Senat der Stadtrepublik Hamburg hatte der Gemeinde auch

Billett König Friedrich Wilhelms IV. an seine Minister

Sans Souci 29 May 82

erst 1858 die lang ersehnte Concession verliehen, zwei Jahre bevor in Hamburg durch eine neue Verfassung die persönlichen Freiheitsrechte gewährleistet wurden.

Ständige Schwierigkeiten bereitete überall die Frage der Eheschließungen. Denn die obligatorische Zivilehe wurde erst 1875 in Deutschland allgemein eingeführt. Bis dahin war man darauf angewiesen, sich von Pfarrern der jeweiligen Landeskirche trauen zu lassen. Die Hamburger Gemeinde faßte schon vor ihrer Anerkennung den mutigen Beschluß, die Trauungen fortan durch den Prediger vornehmen zu lassen und teilte dies dem Senat mit, der es schweigend zur Kenntnis nahm. Weniger glimpflich erging es den Taufgesinnten an anderen Orten. So beschäftigte der »Fall Klein« nicht nur die Gemüter in Württemberg. Was war geschehen?

Leitartikel über die »Gewissensfreiheit und ihre Anwendung auf die Taufgesinnten«

Das Stuttgarter Gemeindeglied Wilhelm Klein wollte sich in der Stiftskirche trauen lassen und hatte am Zeremoniell soweit zustimmend teilgenommen, wie er den Pfarrer »sogleich als Staatsdiener handeln sah«. Als der aber ankündigte, nun den kirchlichen Segen auf den eben geschlossenen Ehebund erteilen zu wollen, entgegnete der Bräutigam:

> »Nein, das kann ich nicht annehmen, denn mein Gewissen verbietet es mir. Ich danke herzlich für Alles, das ich bisher gehört habe, aber ich achte mich auch ohne die Einsegnung dieser Kirche mit meiner verlobten Braut bereits rechtmäßig vor Gott getraut, und eines Weitern bedarf es nicht mehr.«

Ein »Nein« bei einer Trauung – die Erregung des Pfarrers ist nur zu verständlich. Ob man aber die Gewissensnot der Brautleute verstanden hat, die nun eben in keiner Form einer Ordnung verpflichtet sein wollten, die sie aus Glaubensgründen ablehnten? Die Ehe wurde für ungültig erklärt, der Ehemann des Landes verwiesen! Die juristischen Auseinandersetzungen dauerten in diesem Fall noch mehrere Jahre. Der Pfarrer, dem solche – übrigens nicht beabsichtigte – »Störung einer gottesdienstlichen Handlung« widerfuhr, war kein geringerer als der bekannte Missionsfreund und Liederdichter Albert Knapp. Auf die letztlich im Hintergrund stehende Frage der Glaubenstaufe hat er sich seinen eigenen Reim gemacht, indem er die Flut antibaptistischer Veröffentlichungen um ein Gedicht bereicherte. Darin heißt es:

> »Warum, wenn Jesus an die Brust
> Den Säugling ziehet hin,
> Wollt ihr mit widerlicher Lust
> Ihn seiner Tauf entziehn?«

Eine offene Zugbrücke – im Unglück bewahrt

Es ist fast unmöglich, eine vollständige Liste aller Reisen Onckens zusammenzustellen. Wie oft begegnet uns sein Name in den Jubiläumsschriften der älteren Gemeinden überall in Deutschland. 1847 unternahm er eine große Missionsreise nach dem Süden bis in die Schweiz, über die wie über die Memelreise 1841 ein Tagebuch vorliegt. Im Sommer 1848 finden wir ihn zunächst in Stettin, dann in Österreich und Ungarn, wo die Revolution eine Lockerung der Situation Andersgläubiger zu bringen versprach. In einer Woche waren zehntausend Traktate in Wien unter das Volk gebracht, weitere Tausende wurden den dortigen Mitstreitern nachgeschickt. Im Juli traut Onkken in Berlin den verwitweten G. W. Lehmann. Im August und September und nochmals im Dezember reist er durch das Oldenburger Land und Ostfriesland. Dabei besucht er auch seine Heimatstadt Varel. Dazwischen liegen kleine Abstecher von Hamburg aus nach Elmshorn, Boitzenburg und Wismar. So ging es Jahr für Jahr.

Seine längste Auslandsreise trat er am 19. April 1853 an, nachdem die Gemeinde am Tage zuvor eine besondere Gebetsstunde dafür gehalten hatte. Es ging nach Amerika. Gerade auf dieser Reise erlebte Onkken ein Wunder der Bewahrung durch Gottes Gnade. Wir lesen im Missionsblatt vom Juli 1853:

»Am Morgen des 6. Mai verließ Br. Oncken mit dem ersten Eisenbahnzuge New York, um sich nach Boston zu begeben, wo er von den vielen daselbst anwesenden Freunden sehnsüchtig erwartet wurde. Professor Tenbrook begleitete ihn. Als sie sich aber etwa 45 englische Meilen jenseits New York bei einem kleinen Orte, namens Norwalk, befanden, begegnete dem Zuge ein Unglück, wie es noch nie vorgekommen ist. – Es führt hier nämlich eine Zugbrücke über einen Fluß, welche gerade aufgezogen war, um ein Schiff durchzulassen, als in Folge eines Versehens der Zug schnell heran brauste – und ehe die Brücke wieder niedergelassen werden konnte, von einer bedeutenden Höhe mit schrecklichem Getöse in den Fluß stürzte. Man denke sich nun die Trümmer des Zuges, die Leichen und das Angstgeschrei der Verstümmelten und tödlich Verwundeten und unsern theuren Bruder mit seinem Freunde mit in dieser Schrekkensszene – unsern geliebten Bruder, der hier so viele Jahre treu im Dienste des Herrn wirkte und aus Liebe zu seinem Heilande und seinen Brüdern die gefahrvolle Reise in einen fernen Weltteil unternommen hatte. – Welche Gefühle müssen dann unser Herz bewegen? – Und würden wir den Zug mit so vielen Menschen, die ihr Ende zum Teil vielleicht noch lange nicht erwarteten, von der Höhe in die Fluten stürzen gesehen haben, würde nicht vor Schrecken unser Blut in den Adern erstarrt sein, und würden wir dann auch noch Hoffnung auf die Errettung unsers

Johann Gerhard Oncken

Theuern gehabt haben? Doch der Herr ist allmächtig und er spricht: ›Meine Gedanken sind nicht eure Gedanken, und eure Wege sind nicht meine Wege, sondern so viel der Himmel höher ist als die Erde, sind auch meine Wege höher, denn eure Wege, und meine Gedanken, denn eure Gedanken.‹ Jes. 55, 8. 9. –

Inmitten der grausenhaften Schrecken hat der Allmächtige unsern theuern Bruder aufs Gnädigste bewahrt, und während der Waggon, in dem er sich befand, ganz zertrümmert wurde und darin die meisten Tötungen und lebensgefährlichen Verwundungen vorkamen, erlitt er nur einige Verletzungen am Kopfe und den beiden Armen, eine Quetschung der linken Seite der Rippen und eine Verrenkung des rechten Beines, von welchen Schäden, mit Ausnahme des letztern, er nach etwa 12 Tagen schon wieder ziemlich hergestellt war.«

In einem Brief Onckens am 18. Mai an die Gemeinde in Hamburg heißt es:

»In dem Augenblicke der schrecklichen Catastrophe, als wir von der geöffneten Brücke hinabstürzten, war alle Hoffnung des Lebens dahin, aber – o Anbetung! nun belebt mich die Hoffnung wieder und erfüllt mein Herz mit heiliger Wonne, Euch, meine Krone und meine Freude, noch einmal begrüßen zu können. Die Gefahr, in welcher ich einige Minuten schwebte, war so groß, daß ich nur mit Schaudern daran denken kann. Aber der Herr deckte mich mit seiner Hand, und während an 50 Menschen, die mit mir reisten, in einem Augenblick dahin gerafft wurden, rettete Er mein Leben. Sobald ich zu Bette gebracht war und ich mich allein befand, zerfloß meine ganze Seele vor Gott im Hinblick auf seine große Barmherzigkeit, und ich konnte mich Ihm verschreiben mit Leib und Seele.«

Seine Bewahrung in dem ungewöhnlichen Unglücksfall verdankt Oncken äußerlich betrachtet einer kleinen scheinbar nebensächlichen Episode. Beim Betreten des Zuges hatte er sogleich auf der »Negerbank« Platz genommen. Sein Begleiter aber meinte, dort könne er nicht sitzen bleiben. Doch auf den für Weiße reservierten Plätzen am anderen Ende fühlte sich Oncken seltsam unwohl. So begaben sie sich zurück auf die »Negerbank« und kamen mit dem Leben davon. (Oncken war übrigens ein engagierter Fürsprecher der Sklavenbefreiung. In seinem Verlag erschien nicht nur ein gezieltes Traktat über den englischen Sklavenbefreier Wilberforce, den Oncken persönlich gekannt hatte. Er öffnete auch die Spalten des seit 1865 neben dem Missionsblatt erscheinenden »Zionsboten« einem ausführlichen Aufruf zur Linderung der »Not der befreiten Sklaven in Nordamerika« und veröffentlichte den Spendeneingang.)

Von der Amerikareise kehrte Oncken nach über einem Jahr im August 1854 zurück, reich beschenkt mit Unterstützungen für Kapellenbauten, mit neuen Kontakten, besonders zu amerikanischen Bibelgesellschaften, vielen Erfahrungen – und Kopfschmerzen, die ihn als Reiseerinnerung seitdem zeitlebens begleiteten und oft plagten.

Gemeindebesuche – Gemeindeleben

Doppelte Freude im Jahre 1856! Im Juli konnte Oncken an der Gründung einer Gemeinde in seiner Heimatstadt Varel mitwirken. Welche Gedanken ihn bei diesem Ereignis bewegt haben mochten, können wir der Predigt entnehmen, die er zwei Jahre darauf, ebenfalls in Varel, zur Einweihung der dortigen Kapelle hielt.

»Als es Gott gefiel, vor mehr als 45 Jahren den Befehl an mich ergehen zu lassen, wie einst an Abraham: ›Gehe aus deinem Vaterlande und aus deiner Freundschaft in ein Land, das ich dir zeigen will‹, da erkannte ich die Stimme Gottes noch nicht. Der Herr hatte in mein Herz ein starkes Maß von natürlicher Liebe und Humanität, von herzlicher Teilnahme an dem Geschick meiner Mitmenschen gelegt. Mein Ideal war, reich zu werden, um womöglich in dem ärmsten Teile Varels ein recht schönes Armenhaus bauen zu können. Mit diesem Wunsche in mir verließ ich die Heimat. Wenn ich nun hinblicke auf die sieben Gemeinden in diesem Lande (Oldenburg) und auf die vielen hundert Seelen, die seitdem an Christum gläubig geworden und teils schon in der oberen Gemeinde angelangt sind, so weiß ich nicht, was ich vor meinem Gott sagen soll. O, Anbetung! Welch einen Gott haben wir! Tausendmal mehr hat Er gegeben, als der unwissende Knabe begehrte. Irdisches erbat er sich, um einigen Armen das Leben zu versüßen, und siehe da, ewiger Reichtum wurde ihm gewährt, Reichtum, der nicht nur ihn selbst unaussprechlich glücklich gemacht, sondern wodurch er auch tüchtig gemacht wurde, viele Tausende seiner Mitmenschen auf Den hinzuweisen, der gekommen ist in die Welt, die Sünder selig zu machen!

Varel gab mir das Licht des gegenwärtigen, England das Licht des ewigen Lebens. Hier betrat ich den Schauplatz dieser Welt, dort wurde ich dem Volke Gottes hinzugetan . . .

Wie Er einst Abraham, einen Götzendiener, erwählte, um ihn zum Stammvater des herrlichen Judenvolkes zu machen, wie Er zwölf Fischer ersah, damit das Evangelium auf allen Hügeln und auf allen Bergen verkündigt werde, wie Er in der Natur aus wenigen Wassertropfen, die von einem Felsen fallen, die mächtigsten Ströme hervorgehen läßt, so handelt Er auch in seinem geistlichen und himmlischen Reiche. Er erwählt so gern, nicht die Großen, Mächtigen, Weisen, sondern das Elende und das Verachtete vor der Welt. Denn Er hat geschworen, daß Er seine Ehre keinem andern geben will, keinem Menschen, keinem Engel, ja, allen seinen Heiligen nicht. So verfuhr Er auch hier im Großherzogtum Oldenburg. In unsrer Geschichte in diesem Lande prangen keine hellen Sterne der Weisheit oder der Beredsamkeit; wir haben nur auf einfache, schlichte Leute hinzuweisen. Und doch hat sich durch diese trotz aller Verfolgungen der weltlichen und geistlichen Mächte seit Jahren eine Missionstätigkeit entwickelt, die sich bis auf den heutigen Tag erhalten hat und sich immer herrlicher zur Ehre Gottes entfaltet.

Gern decken wir an dem heutigen Morgen mit dem Mantel der Liebe die Unbill zu, von der uns ein ziemliches Maß auch in diesem Lande zuteil ward. Ich meine das, was eine Schmach ist für jedes christliche Land: einen Menschen seines Glaubens halber zu verfolgen. Denn gelobt sei Gott, diese Zustände gehören der Vergangenheit an; die Zeit der nächtlichen Missionstouren und des Predigens hinter verschlossenen Türen ist vorüber. Noch sehe ich Brüder vor mir, die ihres Glaubens halber eingekerkert, verjagt und ihrer irdischen Habe beraubt wurden. Aber Dank sei Gott, und auch der humanen Regierung des jetzigen Großherzogs, diese Zeit ist vorüber. Unsre Behörden haben sich überzeugt, daß, so entschieden wie wir Jesu Christo allein Gehorsam leisten in geistlichen Dingen, wir ebenso die Obrigkeit, die Gott über uns gesetzt hat, und also auch dem geringsten Beamten im Staate, als einem Diener Gottes, in weltlichen Dingen allen Gehorsam erweisen und alle Achtung zollen.

Laßt denn, meine Brüder, den Blick heute auf der Gegenwart ruhen! ›Der Herr hat Großes an uns gethan, des sind wir fröhlich.‹«

Im September 1856 ist Oncken bei der Einweihung der Eben-Ezer-Kapelle in Barmen zugegen, einem beachtlichen neugotischen Bau-

Eben-Ezer-Kapelle in Barmen

werk, das als einziger Zeuge dieser Bauweise heute in Wuppertal unter Denkmalschutz steht. Oncken hatte seinen besten Mitarbeiter,
Julius Köbner, der 1852 entstandenen Gemeinde als Prediger gesandt. Hier kam es auch zu besonders engen Kontakten zwischen den
Gläubigen der verschiedensten Richtungen, wie sie im Gebiet der
niederrheinischen Erweckungsbewegung sehr zahlreich sind. Von
besonderer Bedeutung war der Evangelische Brüderverein. Aus ihm
ging die schon an anderer Stelle erwähnte Christliche Versammlung

hervor, der von Carl Brockhaus (1822–1899) begonnene deutsche Zweig der von England ausgehenden Brüderbewegung John Nelson Darbys (1800–1882). Aus dem Evangelischen Brüderverein erwuchs auch die Freie evangelische Gemeinde, 1854 durch Hermann Heinrich Grafe (1818–1869) in Elberfeld-Barmen gegründet. Grafe hatte seine christliche Prägung in der Französisch-Schweizerischen Erweckungsbewegung gewonnen. Oncken und Grafe waren persönlich bekannt. Wir lesen in Onckens Tagebuch über seine Schweizer Reise von 1847:

Hermann Heinrich Grafe (1818–1869)

»Wir machten die Bekanntschaft des Herrn Grafe, eines Fabrikanten, in dem wir einen Mann von ungewöhnlicher Geisteskraft fanden, geheiligt durch die umwandelnde Gnade. Ich denke, ich habe nie einen anderen Christen gesehen, der solch eine klare Sicht von der nicht schriftgemäßen Natur und üblen Tendenz staatlicher Verordnungen hat. Er hatte verschiedene heiße Kämpfe mit den Geistlichen, aus denen er als Sieger hervorging. Er ist nicht getauft, aber neigt zu jenem Weg. In seiner Fabrik fanden wir einen französischen baptistischen Bruder, der mit uns morgen abend zusammentreffen will.«

Zwischen Grafe und den Baptisten bahnte sich dann 1853 ein völliges Miteinander an. Grafes Anschluß an die Baptistengemeinde kam aber nicht zustande, da Julius Köbner nicht nur wie Grafe den persönlichen Heilsglauben, sondern wie alle »Onckenschen Baptisten« auch den Empfang der Glaubenstaufe als notwendig für die Gemeindezugehörigkeit ansah.

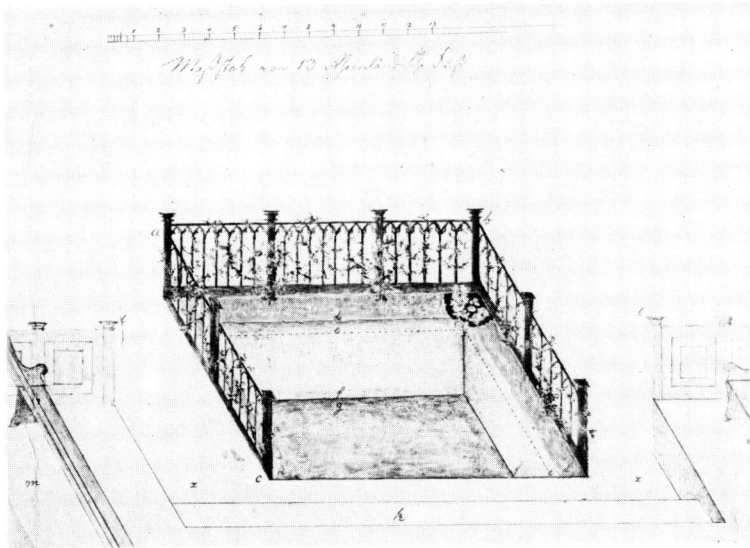

Köbners Entwurf für das Taufbecken in Barmen

So erhielt denn auch die neue Kapelle der Baptisten ein von Köbner selbst entworfenes Taufbecken. Die erste Taufe vollzog Oncken darin. Unter den Täuflingen war sein eigener Sohn William Sears, dessen Vornamen auf die Baptisten hindeutet, deren sich der Vater mit besonderer Dankbarkeit erinnerte: William Angus, den baptistischen Seemannsmissionar, der Oncken veranlaßt hatte, Mitarbeiter der Continental Society zu werden, und Barnas Sears, den Täufer Onkkens. Hier ein wertvoller Brief Onckens an seinen Sohn, geschrieben während des Amerikaaufenthaltes.

»New York, den 3. Juli 1854

Mein lieber William,

Dein sehr angenehmer Brief vom 8. Mai erreichte mich pünktlich, und sein Inhalt hat mein Herz erfreut und ist ein Grund, meinem himmlischen Vater zu danken. Sei versichert, mein lieber William, daß Du von mir nicht vergessen bist, auch wenn ich nicht so oft schreibe, wie Du es Dir wahrscheinlich wünschst. Kein Tag vergeht, an dem ich nicht Deinen Namen im Gebet vor den Herrn bringe, damit er das gute Werk, das Er in Deinem Herzen begonnen hat, erhält und fortsetzt. Möge Er, der Geist Gottes, Deine Gedanken völlig mit dem vollkommenen und heiligen Willen Gottes inspirieren, damit Du weißt, was Dem gefällig ist, der Dich geliebt und erlöst hat mit Seinem eigenen köstlichen Blut. Vor allen Dingen sehne ich mich nach dem Tag, wenn Du durch einfachen Glauben an Jesus, – indem Du Ihn als ein völlig freies Geschenk Gottes, des Vaters, an einen armen verlorenen Sünder annimmst, – Dich in Ihm und der Gewißheit Deiner Annahme mit unaussprechlicher Freude und voll Ruhm freuen wirst (1. Petr. 1, 7. 8). Das, was die Seele errettet und sie mit dem Frieden Gottes erfüllt, ist so ungewöhnlich einfach, daß diese bloße Einfachheit schon schwierig für uns wird. ›Wie Mose die eherne Schlange in der Wüste erhob, so muß der Sohn erhöht werden, daß wer immer an ihn glaubt, nicht verloren geht, sondern ewiges Leben hat.‹ In demselben Moment, in dem ein armer Israelit, der von einer giftigen Schlange gebissen wurde, an die Erlösung glaubte, die Gott für seine Heilung bereitet hatte, und die Wirklichkeit seines Glaubens dadurch bewies, daß er auf die eherne Schlange blickte – in dem Moment wurde er geheilt. Wenn Du also mit Deinem Herzen glaubst, daß Gott Seinen Sohn sandte, um die Sünder zu erretten – Dich zu erretten, blicke auf Jesus – und indem Du ihn als Gottes kostenloses Geschenk annimmst, fühlst Du, daß Du geheilt bist, daß Deine Sünde vergeben ist, daß Gott Dein versöhnter Vater und daß Du in die Familie Gottes aufgenommen bist.

Die größte Tat der Seele in diesem Leben ist, einfach das Zeugnis des Vaters von Seinem Sohn zu glauben – daß Er uns durch Christus ewiges Leben gegeben hat. Wie Paulus an die Epheser schreibt (Kap. 1, 13), zeigt er uns, wie hoch Gott den Glauben an Seinen Sohn einschätzt. Wegen des einfachen Glaubens an Christus wurden die Gläubigen aus Ephesus mit dem Heiligen Geist des Versprechens versiegelt. Der Heilige Geist drückte sozusagen ein Siegel auf ihren Glauben an Christus, eine süße, heilige und bleibende Gewißheit ihrer Annahme durch Jesus – den Geliebten. Ja, mein lieber Sohn – das große Geheimnis aller wahren Frömmigkeit ist es, Jesus zu kennen und einfach an ihn zu glauben (Phil. 3, 8–11). Ruhe nicht, bevor Du nicht besonders gelesen hast, was Paulus an die Römer schreibt (Kap. 10, 9). Die Kraft und die Gnade, die Du brauchst, um Deine sündige Natur zu kreuzigen, um dem Teufel zu widerstehen und die Welt zu überwinden, gehen von Jesus aus und sind mit dem Glauben an Ihn verbunden (1. Joh. 5, 1–5).

Laß Dich durch die Entdeckung Deiner sündigen Neigungen in Deiner Entwicklung als Christ nicht entmutigen – diese werden Dir allmählich immer mehr offenbart. Gott bekehrt den Sünder nicht, um ihm zu zeigen, wie gut er ist, sondern wie schwach, hilflos, sündig und verdorben er ist, damit so alle Ich-Bezogenheit zerstört werden kann. Aber der Geist

Christi, der uns diese bittere Lektion über uns selbst lehrt, zeigt uns dann auch aus der Heiligen Schrift, was für einen gnädigen, zuverlässigen und allmächtigen Erretter wir haben und daß wir durch Seine Gnade und Kraft alles tun können. Die zwei großen Wahrheiten, die der Herr diejenigen, die errettet werden, vom Tage unserer Bekehrung bis zu dem Tag, an dem wir in den Himmel kommen, lehrt, sind in bezug auf uns selbst, daß wir arme, verlorene, hilflose Sünder sind, die, wenn sie sich selbst überlassen wären, für immer sterben müßten, und in bezug auf Gott, daß Er aus grenzenlosem Erbarmen Seinen eingeborenen Sohn in die Welt geschickt hat, um für die Schuld aller, die an Ihn glauben würden, zu leiden, und daß durch diesen ruhmreichen Erretter mehr – unendlich viel mehr für die, die an Ihn glauben, zurückgewonnen wurde, als je durch Adams Übertretung und unsere eigene Sünde verloren wurde.

Sei sehr fleißig im Studium der Heiligen Schrift, und lies dieses kostbare Buch niemals ohne vorheriges Gebet um die Unterweisung des Heiligen Geistes. Gib Dir besondere Mühe, daß Du das Neue Testament so früh wie möglich in Griechisch lesen kannst, und wenn Du mit der Sprache fertig geworden bist, richte Deine Aufmerksamkeit auf das Hebräische. Ich gäbe jetzt alles, was ich habe, wenn ich die Vorteile gehabt hätte, die ich Dir nach der Fügung Gottes geben kann. Oh, wie würde mein Herz sich freuen, wenn Gott Dich vorbereiten würde, in die gesegnete Arbeit in Deutschland einzusteigen und sie weiterzuführen, wenn ich vom Arbeitsfeld genommen sein werde. Schließlich, lieber Willy, gibt es nichts so Großes auf der Erde, wie Gott durch unsere Erlösung zu verherrlichen und dann dadurch belohnt zu werden, daß andere gerettet werden.

Mein Abfahrtstermin rückt nahe herbei, und ich hoffe, in fünf Wochen diese Küsten hinter mir gelassen zu haben, um in die ›liebe Heimat‹ zurückzukehren. Bis dann muß ich noch hart arbeiten. Letzten Sonntag habe ich dreimal gepredigt, zweimal in englisch, einmal in deutsch, ›und die Hitze war zum Ersticken‹. Meine Gesundheit hat sich in letzter Zeit verbessert und obwohl ich viele Enttäuschungen erlebt habe, habe ich reichlichen Grund dankbar zu sein, vor allem für die Tatsache, daß Du und mein lieber Gerhard Euch dem Herrn Jesus übergeben habt; so sind meine Gebete beantwortet worden, und Gott hat mir meinen Herzenswunsch, der meine Kinder betraf, erfüllt. Unsere liebe Sarah wird Er sicher auch durch Seine Gnade rufen.

Nun lebwohl, der Herr bewahre Dich und segne Dich wie Seinen Augapfel; daß Er Dein Leben bewahren möge und Dich durch Seine Wahrheit und Seinen Geist zu solchem Nutzen auf dieser Erde bereiten möge, wie es das Herz eines stolzen Vaters erfreuen würde, Tausenden zum Segen,

und vor allem, daß Du das ›Gut gemacht, guter und getreuer Knecht‹
Deines Erlösers an dem großen Tag empfängst, mein lieber Sohn, soll
immer das Gebet Deines liebevollen Vaters sein,

J. G. Oncken.«

Ständig ist Oncken unterwegs. Er missioniert. Er besucht andere
Missionare. Er hilft bei der Konstituierung von Gemeinden. Er weiht
Versammlungshäuser ein. Er schlichtet Streit. Und immer wieder
entdeckt er Gruppen von Menschen, die bereits unter sehr verschiedenen Voraussetzungen nach dem biblischen Leitbild der Gemeinde
fragen. Er ermutigt sie dann, dem Erkannten zu folgen. Mit Recht
nennt Hans Luckey ihn einen »Sammler«. Die Verbindungen gehen
früh über die Grenzen deutschsprachiger Staaten hinweg. 1839 war
der Anfang in Dänemark. Von Memel aus breitete sich das Gemeindewerk nach Estland, Litauen und Lettland aus. 1845 wurden drei
Holländer in Hamburg getauft, im Mai desselben Jahres konnte Onkken bereits Julius Köbner zur Gründung der ersten holländischen
Gemeinde nach Stadskanaal senden. 1847 taufte Oncken in Hamburg
den Schweden Fredrik Olaus Nilsson, dessen Missionsarbeit in seiner
noch streng staatskirchlich-lutherischen Heimat scharf verfolgt wurde. Der deswegen aus Schweden verbannte Nilsson taufte in Kopenhagen den lutherischen Geistlichen Anders Wiberg, der der Führer
der ersten Generation der schwedischen Baptisten werden sollte. Wiberg hatte die Gemeinde in Hamburg bei einem Besuch 1851 kennengelernt.

> »Die Einrichtung, die Zucht und das geistlich gläubige Leben, das ich in
> dieser Gemeinde wahrnahm, gefiel mir so, daß ich glaubte, in ihr die
> wahre apostolische Ordnung wiederzusehen. Nur ihrer Lehre von der
> Taufe konnte ich nicht beistimmen, denn ich war in der lutherischen Kir-
> che erzogen und hatte eine große Vorliebe für Luthers Schriften und das
> Luthertum überhaupt. Nachdem ich mit diesen Brüdern ziemlich heftig
> über die Taufe disputiert hatte, verließ ich sie wieder, ohne von dem Irr-
> tum der Kindertaufe und der Weise derselben, durch Besprengung, über-
> zeugt zu sein.«

Als Wiberg mit einiger Lektüre nach Hause zurückkehrte, berichtete
er nach Hamburg:

> »Es dauerte nicht lange, ehe ich überzeugt wurde, daß die Kindertaufe

keinen Grund in der Heiligen Schrift hat und deswegen nur ein Menschentand ist. Schon auf der Rückreise begann meine vorige feste Überzeugung zu wanken, weil ich, nachdem ich Pengilliys Traktat von der Taufe gelesen hatte, deutlich sah, daß nach 1. Kor. 7, 14 die Kindertaufe zur apostolischen Zeit in der korinthischen Gemeinde noch nicht üblich war. Nach der Rückkunft habe ich Hinton's ›History of Baptism‹ so gut wie zweimal durchgelesen und hege nunmehr keinen Zweifel, daß die fast allgemein übliche Kindertaufe verwerflich ist. Auch Ihre (Julius Köbners) kleine Schrift ›Die Gemeinde Christi und die Kirche‹ hat mir nicht geringen Aufschluß gewährt. Ich bin also nun auch einer von den ›Taufgesinnten‹ und wünsche von Herzen, die christliche Taufe zu empfangen. Auch bin ich gesonnen, meine neue Überzeugung von der Kindertaufe in einer Schrift niederzulegen und zu rechtfertigen.«

Köbner, an den der Brief gerichtet war, und Oncken besuchten sieben Jahre später die Konferenz der schwedischen Baptisten, die – seit Wiberg 1855 von einem Aufenthalt in Amerika zurückkehrte – auf über zweitausend Mitglieder gewachsen waren und sich 1861 in einem selbständigen, von den Baptisten in Deutschland sowie in England und Amerika gelösten Bund zusammenschlossen.

Im Frühjahr 1859 wurde Oncken eingeladen, zur »Einweihung« eines größeren Versammlungshauses nach Templin zu kommen, an der etwa tausend Personen teilnahmen. Ein Bericht lautete:

»Um 9 Uhr trat der theure Bruder Oncken, begleitet vom Aeltesten, in den Saal. Beide nahmen Platz in dem Katheder. Das Lied 123 der Glaubensstimme (Erlöser, deinem Namen sei Ehre, Macht und Ruhm) wurde voller Lust angestimmt. Darauf verlas der Aelteste der Gemeine den 122. und 147. Psalm, so wie das 3. Capitel aus dem ersten Corintherbriefe, worauf der theure Bruder Oncken betete. Gewiß hat der große Gott dazu Ja und Amen gesprochen und wird Er die reine Lehre in dem Hause bleiben lassen, so lange noch zwei Steine aufeinander sich befinden.
Nach Absingung des Liedes 453 (Hoch erschallt, ihr Jubeltöne) predigte der theure Bruder. Er führte aus, daß wir keine Leute sind, die viel auf das Äußere halten und deshalb könne auch *von einer äußeren Weihe des Hauses keine Rede* sein. Wir wollten vielmehr dies Haus als ein Bild von dem rechten Zionsbau, der Gemeine des Herrn, hinstellen und davon zu reden suchen. Zum großen Segen war das Wort des Herrn und hoffentlich werden sich die Früchte davon offenbaren. Nachmittags sollte keine

Predigt, sondern nur Taufe und Brodbrechen stattfinden. Um drei Uhr waren noch viel mehr Personen aus allen Ständen zusammengedrängt, so daß die Leute selbst zwischen den Bänken standen, ja selbst auf die Lehnen sich gestellt hatten.

Br. Oncken hatte dem Wunsche des Aeltesten nachgegeben und sich bereit erklärt, die Taufe an den 10 Täuflingen zu vollziehen. Als er deshalb um 3 Uhr im schwarzen Gewande aus dem Nebenzimmer trat, folgten ihm 5 Personen männlichen Geschlechts in weißen Kleidern aus derselben und 5 Personen weiblichen Geschlechts aus der andern Tür, welche sämtlich auf den vordersten Bänken am Baptisterium ihren Sitz einnahmen. Nach Absingung des Liedes 458 (Zum andern Male wollen wir, o Herr) verlas der theure Bruder mehrere Schriftstellen, welche er mit Erklärungen darlegte, um die Schriftmäßigkeit der Taufe der Gläubigen zu zeigen. Als darauf gebetet und das Lied 508 (Der vom Himmel du regierest) gesungen war, stieg er hinab ins Wassergrab, um die zehn Personen in den Tod des Herrn zu taufen. Eine große Bewegung offenbarte sich unter den Leuten, da viele zum ersten Male der Taufhandlung beiwohnten. Darauf versammelten sich an 280 Personen an der Bundestafel des großen Lebensfürsten. Es war ein glückliches Los, das uns Armen an diesem Orte bereitet wurde, und der einstimmige Wunsch war:

›O wüßten's doch Alle, wie freundlich Du bist
Und folgten Deinem Schalle, Du süßer Jesus Christ.‹

In kleinen Gruppen wurden die Abendstunden verlebt und über das Erlebte nachgedacht.

Am Montage, dem 11. April, war um 9 Uhr die Kapelle wieder ziemlich gefüllt, als der theure Br. Oncken über die Freude der Kinder Zions sprach. Ja, es war auch hier große Freude in der Stadt.«

Die innere Weihe hatte die Gemeinde bereits empfangen. In der Uckermark war es seit einigen Jahren unter der Verkündigung des Predigers C. A. Kemnitz zu einer Erweckungsbewegung gekommen. Sie erfaßte vor allem Menschen, die völlig ohne Kenntnis des Evangeliums und ohne kirchliche Bindung waren. Über das Jahr 1857 berichtete Kemnitz:

»Lobe den Herrn meine Seele und vergiß nicht, was er dir Gutes getan hat.
Psalm 103, 2.
Seit dem zwölfjährigen Bestehen unserer Gemeinde wurden solche Segnungen nicht verspürt, es war wie ein Thau, der von dem Berge Hermon

Carl August Kemnitz (1821–1894)

auf die Berge Zions herabfällt. Die monatlichen Gemeindeversammlungen, in welchen die Aufnahme der Bekehrten geschah, waren deshalb immer lauter Festtage der Gemeine. Früh 8 Uhr kamen die Geschwister von allen Seiten auf Wagen und zu Fuß herbei und gingen oftmals erst des Abends um 8 Uhr auseinander. 143 Taufen konnten vollzogen werden, von welchen die letzten 7 am letzten Abend des Jahres den Beschluß machten. Unsere reine Zunahme beträgt daher 134. Diese Erweckung hat sehr bedeutend auf die Gemeine gewirkt, so daß Zion ein Ort der Freude und Wonne ist, wo man Lobgesang vernimmt.
Die verschiedenen, zahlreichen Orte der Umgegend, wo Mitglieder wohnten, gewannen bedeutend an der Zahl, so daß unsere Vorposten sehr verstärkt wurden. Dabei breitete sich das Wort Gottes weiter aus, so daß wir am Schlusse des Jahres 10 Orte der Umgegend mehr zählen, wo jetzt Mitglieder wohnen. Die Seile werden ausgedehnt und die Pfeiler weiter gesteckt, bis, wie wir es glaubensvoll hoffen, kein Ort mehr ist, an dem nicht das Wort der Wahrheit von den Lippen der Bekenner Christi erschallt. Unsere Arbeit wird deshalb immer anstrengender und die Seelsorge schwieriger, da bereits 42 Orte von Mitgliedern bewohnt sind. Die Gemeine stellte deshalb einen Missionsgehülfen an, dessen Erhaltung sie übernommen hat, der bisher viel zum Segen der Gemeine beigetragen hat. So sind denn drei (Missions-)Arbeiter in dieser Gegend tätig.«

In einem Jahr verdoppelte sich fast die Zahl der Gemeindeglieder von 165 auf 299. Das Jahr 1858 brachte dieser Gemeinde schwere Behinderungen durch Kirche und Behörde und einen gewissen Rückgang, »weil der Kapellenbau in Templin . . . fast die ganze Zeit und Kraft in Anspruch nahm«, bemerkte Kemnitz.

Missionsblatt

der

Gemeine getaufter Christen

№ 6.   *Juni 1859.*   Jahrgang

Deutschland.

Das fünfundzwanzigjährige Jubiläum

der

Hamburger Baptisten-Gemeinde,

den 22. bis 25. April 1859.

„Jesus Christus gestern und heute, und
derselbe auch in Ewigkeit!"

Das sei der Wahlspruch, mit dem wir
unsern Bericht über das liebliche Fest,
welches nun schon einige Wochen hinter
uns liegt, beginnen wollen. Wir finden
in diesem Worte Alles auf einmal ausgesprochen, was unser Herz an jenen köstlichen Tagen bewegte. Es war Jesu Christi
Fest, das wir feiern durften — nicht unser
eigenes; — in uns erkannten wir bei
dem Glanz des Festes nur Mißkraft, Sünde

sprochen hatten, der Herr dennoch weit
Bitten und Flehen gegeben habe, und
die Eindrücke, die man hier empfan
unvergeßlicher Art wären.

Schon der Umstand, daß man vier
hinter einander in den Vorhöfen Z
weilen und die schönen Gottesdienste
Herrn schauen durfte, machte dieses
zu einem ungewöhnlichen. Und doch
die Zeit immer zu kurz. Kaum hatte
entzückte Blick eine Scene, wie sie nur
Gott der Natur und der Gnade sch
kann, erschaut, so mußte sie schon w
verlassen werden, um einer neuen
schöneren Landschaft Raum zu machen.
manche Gnadenführung konnte nur so
berührt, wie manche mußte mit Stillsch
gen übergangen werden! Sodann hatt
Bruderliebe manchen theuren Mitpilger
der Heimath aus weiter Ferne herb
zogen, so daß die Freude des Wiederse
ein neues Fest im Feste bereitete.
den lieben Gästen, die uns also über
ten, heben wir nur diejenigen name
hervor, die aus weitester Ferne eintr
nämlich die Brüder J. Köbner, C. Stei
J. Schlesier, Br. Wollert (aus Tem
F. Oncken, W. Haupt, H. Grothefendt
J. Wilkens. Andere hatten ihre Theiln
brieflich ausgesprochen und wurden nur
die besonderen Gottesdienste, die Ostern
forderlich machte, zurückgehalten. E

Aus dem Missionsblatt 1859

Kaum war Oncken von der Einweihung des Templiner Gemeinde-
hauses nach Hamburg zurückgekehrt, wurde dort vier Tage lang ein
erstes Gemeindejubiläum gefeiert: 25 Jahre Baptistengemeinde
Hamburg. Der Bericht im »Missionsblatt« umfaßt über zwanzig Seiten und enthielt einen wertvollen geschichtlichen Überblick von
Oncken selbst. Die erste Gemeinde war 1834 mit jenen sieben ange-
treten. Nun zählte man in 63 Gemeinden des Bundes über siebentausend Mitglieder. 582 davon gehörten zur Hamburger Gemeinde, 362
wohnten am Ort, die übrigen auf den »Stationen«, wie man noch bis
in unsere Tage die Plätze nennt, an denen Versammlungen gehalten
werden. Die verstreut Wohnenden verstanden sich als Vorposten im
Feld der Mission. Und wie viele waren in andere Gegenden Deutschlands und darüber hinaus gezogen. So waren in den 25 Jahren allein in
Hamburg 1294 Personen getauft worden, von denen aber einige
schon gestorben waren oder aus der Gemeinde ausgeschlossen werden mußten. Das Fest wurde jedenfalls ein »Jubiläum der Liebe Gottes«, »das sich stets erneuernde Jubiläum seiner Gnade und Treue«,
es war »Jesu Christi Fest – nicht unser eigenes; in uns erkannten wir
bei dem Glanz des Festes nur 25jährige Sünde, Untreue und Undank-
barkeit«. Man lese den im Bild wiedergegebenen Anfang des Artikels
im Missionsblatt. Und man versäume nicht einen Blick auf das In-
haltsverzeichnis: Hier das Jubiläum einer inzwischen »concessionier-
ten« Gemeinde, an anderen Orten zu gleicher Zeit »neue Verfolgungen«.

Als drei Jahre später die zweitälteste Gemeinde, Berlin, ein gleiches
Erinnerungsfest feierte, war Oncken gerade von einer Kollektenreise
durch England zurückgekehrt, jener Reise, auf der er das evangelistische Motto formulierte: »Jedes Mitglied ein Missionar.«

Von den Reisestrapazen noch sehr erschöpft, begann Oncken die
Festpredigt mit der Bemerkung: »In meinem Innern ist heute eine
Disharmonie, die mich völlig untauglich zum Predigen macht, denn
mein Kopf ist leer und mein Herz ist zu voll«, der Berichterstatter
aber fährt fort: »so mangelte es der Predigt doch weder an interessan-
tem Material noch an der Salbung von oben«. Aus der Predigt hier einige Gedanken zur Frage der Gemeindezucht, in der die junge Bewe-

gung immer wieder um den rechten Weg zwischen gesetzlicher Strenge und ebenso liebloser Laxheit ringen mußte.

»Das von Gott bestimmte Mittel zur Errettung der Sünder ist das Evangelium. Solche, die das Evangelium im lebendigen Glauben ergreifen, solche und nur solche sind wirkliche Glieder einer Gemeinde Gottes. Aber in einer solchen Gemeinde soll nicht nur Evangelium gepredigt werden, sondern es soll auch Zucht und Ordnung herrschen. Da soll, wo es nottut, auch Gericht gehalten werden, und nur so lange, wie die Zucht gehandhabt wird, bleibt es eine Gemeinde Gottes, sonst kann es auch zu einer Satanskapelle werden. Deshalb betrachten wir auch eine Staatskirche nicht als eine Gemeinde Gottes, weil die Ausübung der Zucht in derselben ein Ding der Unmöglichkeit ist. Ich rede hier nicht von Ausschlüssen allein; die höchste Zucht ist die gegenseitige Zucht. Wir sollen über einander wachen, nicht mit einem Argusauge, sondern mit dem Auge lieber Engel. Wenn das aufhört, so mag eine Gemeinde Aelteste wie Apostel haben, so wird sie dennoch zu Grunde gehen müssen. Gott macht uns verantwortlich für unser Verhalten in seinem Hause. O, laßt es uns stets bedenken, so oft wir an diese Stätte kommen.«

Im Glaubensbekenntnis von 1847 lesen wir hierzu:

»Die Verordnung Christi im 18ten Capitel des Evangeliums Matthäi vom 15ten bis zum 17ten Verse ist von jedem Mitgliede ohne Unterschied strenge zu befolgen. Es ist eines Jeden Pflicht, eine Ermahnung in Liebe anzunehmen, oder, wo es nöthig ist, sie in Liebe zu ertheilen, ohne irgend etwas darüber zu eines Dritten Kenntniß kommen zu lassen. Erst nach geschehenem Ausschluß darf ein Bruder oder eine Schwester von den Mitgliedern als nicht zur Gemeinde oder zu dem Volke Gottes gehörend betrachtet und behandelt werden.«

Danach wird unter Berufung auf 1. Korinther 5, 1–13 und 2. Thessalonicher 3, 6 die Handhabung des Ausschlusses aus der Gemeinde beschrieben. Dabei fällt auf, daß im Gegensatz zur kirchlichen Tradition nicht die Amtsträger »ausschließen«. Vielmehr ist die Gemeinde

»der Regel ihres Stifters zufolge berechtigt und verpflichtet, solche ihrer Mitglieder, deren Lebenswandel ihrem Bekenntnisse widerspricht, die irgend eins der göttlichen Gebote übertreten und sich durch die an sie gerichteten Ermahnungen nicht wollten zu herzlicher, offen dargelegter Reue und zum Vorsatze echter Besserung führen lassen, also in der Sünde beharren, durch ordentliche Abstimmung auszuschließen und ihnen die Gerechtsame der Mitglieder zu entziehen.«

In der für unsere Ohren ungewöhnlichen Wendung am Schluß kommt die juristische Seite solcher Vorgänge zum Ausdruck. Die der Form nach demokratische Art des Vollzugs durch Abstimmung scheint dagegen »modern« zu sein. Die geradezu parlamentarische Praxis der Gemeindeversammlung ist in der Tat ein freikirchlicher Beitrag zur Entstehung der modernen Demokratie. Und gerade die deutschen Baptisten sehnten sich nach demokratischen Freiheiten. Dennoch darf man aus der Form nicht schließen, daß Oncken und die anderen dem Wesen nach von der Gemeinde Jesu als einer Demokratie gedacht hätten. Gerade in der Predigt beim Jubiläum der Gemeinde in Preußens Hauptstadt bemerkte Oncken kritisch:

»Es gibt freilich einige, welche der Meinung zu sein scheinen, es müsse in einer Gemeinde Gottes, gerade wie in einer politischen Versammlung, immerwährend eine Opposition geben. Allein diese sind in einem sehr großen Irrtum befangen. Keine zwei Parteien soll es in einer Gemeinde geben – oder ich habe noch nichts von den Vorschriften der Apostel gelernt – Eins sollen wir werden in dem Herrn. Der Demokraten-Kopf und -Geist hat in einer christlichen Gemeinde nichts zu suchen. Nicht *gegen* den Bruder, den Vorsteher usw., sondern *mit* ihm sollen wir gehen. Wenn dieser Geist wahrer Bruderliebe immerdar unter Euch walten wird, dann kann ich Euch eine liebliche Zukunft versprechen. Die Freiheit, die wir jetzt schon haben, ist größer, als ich je erwartete. In Hamburg haben wir bereits Corporationsrechte. Hier werdet Ihr sie über kurz oder lang auch erlangen. Doch noch eine herrlichere Zukunft wartet unser droben. Dort ist ein ewig fortlaufendes Fest; dort werden Tausende in Deutschland, Polen und Rußland Gott danken, daß eine kleine Jüngerschar es wagte, dem Befehle Christi Gehorsam zu leisten und seinem Worte in kindlichem Glauben zu folgen.«

Keine Religionsfreiheit in Rußland

1864 begab sich Oncken auf eine beschwerliche und gefährliche Reise nach Rußland. Das Ziel war Petersburg, die Hauptstadt des russischen Reiches. Die 130 im Kurland lebenden deutschsprachigen und lettischen Baptisten wurden von Memel aus betreut; sie hatten harte Verfolgungen zu leiden. Inhaftierungen, hohe Geldstrafen und Verleumdungen übelster Art waren an der Tagesordnung. Onckens Absicht war, eine Petition zugunsten der Gemeinden einzureichen. Trotz fünftägiger Verhandlungen in Petersburg, die er zusammen mit dem Prediger Niemetz aus Memel führte, blieb der Erfolg zunächst aus. Die Wogen gingen hoch und höher, zumal die Baptisten nicht nur die Behörden, sondern auch die lutherischen Geistlichen gegen sich hatten. Deutsche Kirchenzeitungen befaßten sich in Für und Wider mit den Vorgängen. Der politischen Führung war besonders verdächtig, was der Artikel 14 des baptistischen Glaubensbekenntnisses »Von der bürgerlichen Obrigkeit« schrieb.

»Wir glauben, daß die Obrigkeiten von Gott verordnet sind, und daß er sie mit Macht bekleidet, zum Schutze der Rechtlichen und zur Bestrafung der Uebelthäter. Wir halten uns verpflichtet, allen ihren Gesetzen unbedingten Gehorsam zu leisten, wenn diese die freie Ausübung der Pflichten unsers christlichen Glaubens nicht beschränken, und durch ein stilles und ruhiges Leben in aller Gottseligkeit ihnen ihre schwere Aufgabe zu erleichtern. Auch halten wir uns nach dem Befehle Gottes verpflichtet, für die Obrigkeit zu beten, daß sie nach seinem Willen und unter seinem gnädigen Schutze die ihr anvertraute Macht so handhaben möge, daß Friede und Gerechtigkeit dadurch erhalten werden.

Wir halten dafür, daß der Mißbrauch des Eides den Christen verboten, daß aber der Eid – nämlich die ehrfurchtsvolle, feierliche Anrufung unsers Gottes zum Zeugen der Wahrheit – rechtmäßig gefordert und geleistet, nur ein Gebet außergewöhnlicher Form sei.

Wir glauben, daß die Obrigkeit, welche auch unter dem neuen Testamente das Schwert nicht umsonst trägt, das Recht und die Pflicht hat, nach göttlichem Gesetz mit dem Tode zu bestrafen, auch das Schwert gegen Feinde des Landes zum Schutze der ihr anvertrauten Unterthanen zu gebrauchen, und halten uns deshalb verpflichtet, wenn wir dazu von der Obrigkeit aufgefordert werden, Kriegsdienste zu leisten. Doch können wir uns auch herzlich mit Solchen vereinigen, die rücksichtlich des Eides und des Kriegsdienstes unsere Ueberzeugung nicht theilen.

Wir sehen uns durch unsern Glauben nicht behindert, ein obrigkeitliches Amt zu bekleiden.«

(Die letzten Sätze beziehen sich auf die in mancher Hinsicht mit den Baptisten verwandten Mennoniten-Gemeinden.) Niemetz hatte Oncken im September 1864 von einem Gespräch mit dem Gouverneur von Kurland, dem Baron von Brewern, berichtet.

»Beinahe zwei Stunden dauerte nun die heutige Verhandlung mit dem Gouverneur von Kurland. Zuerst erkundigte er sich nach unserer Verfassung. Ich mußte ihm über die Anstellung unserer Prediger, die Art und Weise ihrer Berufung und Ordination genaue Auskunft geben. Ebenso berichtete ich ihm über die Entstehung der ersten Gemeinde in Hamburg, über die weitere Ausdehnung der Gemeinden, über deren Vereinigung zum Bunde. Der Herr Gouverneur notierte sich alles und ging dann zum Glaubensbekenntnis über, welches er vorher gut gelesen hatte. Da gab es denn aber einen harten Kampf bei Art. 14 von der bürgerlichen Ordnung. Das konnten die Herren nicht fassen, daß man dem Gewissen so weit Raum geben wolle in dem Bekenntnis der anerkannten Wahrheit vor Anderen, daß dadurch offenbar obrigkeitliche Verfügungen, wie zum Beispiel das Verbot öffentlicher über die Hausandacht hinausgehender Versammlungen, überschritten werden.«

»Freie Ausübung der Pflichten unseres christlichen Glaubens« – das war mehr, als der absolutistische Staat uneingeschränkt zugestehen wollte, ist doch im Text des Glaubensbekenntnisses nicht im einzelnen aufgeführt, was zu diesen »Pflichten« gehört. Ist nur das Halten und Besuchen von christlichen Versammlungen gemeint oder etwa auch das Predigen gegen Anordnungen des Staates vom Evangelium her? In einer »Geschichte der Baptisten in Russisch-Polen« von G. (Gottfried) L. (Liebert) von 1874 wird der Artikel kurz so umschrieben: »Gläubige sollen untertan sein der Obrigkeit, die Gewalt über sie hat, wenn der Wille der Vorgesetzten nicht entgegensteht dem unseres Heilandes, der das Haupt der Gemeinde, der Herr aller Herrn ist. Römer 13, 1–17, Matthäus 22, 21, Apostelgeschichte 5, 29, Matthäus 23, 10.« Bei genauem Lesen erkennt man, daß dies in aller Kürze eine präzisierende Einschränkung ist im Blick auf das Recht der Obrigkeit, ihren »Willen« durchzusetzen.

Oncken ist es bei seinem Besuch 1864 vor allem darum gegangen, die russischen Obrigkeiten davon zu überzeugen, daß die Baptisten »durch ein stilles und ruhiges Leben in aller Gottseligkeit ihnen ihre Aufgabe zu erleichtern« bereit sind, so wie es seine heimatliche Polizeibehörde auch hat feststellen können. Sie hatte ihm nun einen Reisepaß ausgestellt mit der Bitte, ihm auf seiner Reise »Schutz und Beystand angedeihen zu lassen«. Wie erging es ihm auf der Reise? Vier Reisebriefe:

Freie und Hanse-Stadt Hamburg

REISE PASS

Alle Civil und Militair-Autoritäten

werden ersucht, Vorzeiger dieses,

Herrn Johann Gerh. Oncken

Beschreibung.

Alter	64 Jahr
Statur	*gut*
Haare	
Augenbrauen	*weiss*
Bart	*zu ....*
Stirn	*frei, hoch*
Augen	*blaugrau*
Nase	
Mund	*proport.*
Kinn	
Gesicht	*oval*
Gesichtsfarbe	*gesund*
Besondere Kennzeichen	

Stand *Prediger*

gebürtig aus *Varel*

wohnhaft zu *Hamburg*

welcher sich gehörig legitimirt und einen Paß n.

St. Petersburg

über Memel

nachgesucht hat, auf dieser Reise mit den bei sich hab.
Sachen frey und ungehindert passiren, ihn auch nöt.
Falls Schutz und Beystand angedeihen zu lasse.

Dieser Paß ist gültig für *bis zur Rückkehr*
nach

Hamburg, d. *5 Octob*

Ein tausend acht hundert sechzig und vier.

Unterschrift des Inhabers

J. G. Oncken

Die Polizei-Behörde.

Carl ...

»Den 29. October 1864.

Gestern Abend gegen 8 Uhr sind wir nach vielen Plackereien von Polizeibeamten und Gendarmen wohlbehalten in Rußlands Hauptstadt angelangt. In Tilsit übernachteten wir bei einem Bruder, bei dem sich am Abend noch andere Brüder versammelten, die ich im Glauben zu stärken suchte.

Auf dem Dampfschiff nach Tilsit trafen wir den russischen und englischen Consul, welche auf die Jagd wollten. Mit Ersterem hatte ich eine längere höchst interessante Unterredung, in welcher ich ihm den ganzen Rathschluß Gottes zu unserer Seligkeit vorhalten konnte.

Auf einem kleinen schmutzigen Dampfboote setzten wir am 26. unsere Reise nach Kowno in Rußland fort. Das Boot war angefüllt mit elend gekleideten Schiffern aus Rußland, die Holzflöße den Memel-Fluß herunter bringen, außerdem hatten wir zu Mitreisenden eine Anzahl jämmerlich gekleideter Juden und einige besser aussehende Passagiere in der Kajüte. Unter Letzteren hatten wir ein schönes Arbeitsfeld. Ein lieber Israelite hörte uns aufmerksam zu und eine junge Dame lieferte uns den erfreulichen Beweis, wie weit sich der Segen unserer Missionsthätigkeit unter den Soldaten in Schleswig-Holstein verbreitet hat. Sie hatte von einem befreundeten preußischen Soldaten von Kiel aus den Friedensboten: »Was nützt das Beten?« erhalten und mit so großem Interesse gelesen, daß sie nicht Rühmens genug von dem Inhalt desselben machen konnte. Wir sprachen Manches mit ihr über das Eine Nothwendige, und schieden in der Hoffnung, uns am großen Erntetage zur Rechten Gottes wiederzufinden. Möge der dringende Wunsch, den sie aussprach, daß auch in Kowno recht bald das Evangelium gepredigt werden möge, in Erfüllung gehen!

In Kowno, dem ersten russischen Orte, den wir berührten, wurden wir bei unserer Ankunft von Soldaten und schmutzig zerrissenen jüdischen Droschkenkutschern überfallen, die uns mit ihrem kauderwelschem Geschrei in Deutsch und Russisch fast betäubten. Nach vielem Handeln um das Fahrgeld verständigten wir uns mit denselben, so gut es eben ging, und befanden uns endlich auf zwei der schmutzigsten und erbärmlichsten offenen kleinen Droschken, die ich je gesehen habe. Anstatt uns aber bei der Abfahrt zu sagen, daß wir wegen unserer Pässe erst nach der Polizei müßten, fuhren sie uns bis zur Eisenbahnstation, die eine halbe Meile von der Stadt entfernt ist, wo wir dann zu unserem Schrecken hörten, daß wir wegen unserer Pässe auf's Polizei-Bureau nach der Stadt zurückmüß-

Onckens Reisepaß nach St. Petersburg 1864

Was nützt das Beten?

Hamburg.

Druck von Ackermann & Wulff.

Ein Gespräch aus dem Verteilblatt »Friedensbote«, vom Hamburger Trak-
tat-Verein mehrfach neu aufgelegt

ten. Dort angekommen – es war Nachmittags 4 Uhr – hieß es: ›Jetzt schläft Jedermann, Sie müssen um 6 Uhr wiederkommen.‹ Wir konnten also zwei Stunden auf den schmutzigen Straßen umherwandern. Jedoch der liebe Herr hatte Arbeit für uns ersehen. Br. Niemetz erinnerte sich, daß in Kowno ein Zimmermann wohne, der ein offenes Ohr für die Wahrheit habe, konnte sich aber seines Namens nicht entsinnen. Wir gingen daher in ein Kaffeehaus, um Erkundigungen einzuziehen, und es gelang uns, dem Manne auf die Spur zu kommen und ihn dann aufzufinden. Wir verlebten in seinem Hause mit ihm, seiner Frau und einer aus Memel anwesenden Schwester eine recht gesegnete Stunde. Der liebe Mann ist schon seit Jahren krank, aber wie wir hoffen, nebst seiner Frau vom Herrn ergriffen und wünscht, daß sich dort eine Gemeinde bilden möge.

Endlich finden wir das Polizei-Amt offen. Bei unserem Eintreten sitzen drei Herren am Kartentisch, lassen sich aber durch uns in ihrem Spiel nicht im Mindesten stören und kümmern sich gar nicht um uns. Bald aber tritt der Chef herein, der dann die drei Herren ebenso rücksichtslos behandelt, indem er ihnen die Karten aus der Hand reißt und sie fort wirft, während er dieselben in lautem vorwurfsvollen Tone mit Worten in Russisch überhäuft, die schwerlich viel Schmeichelhaftes enthalten haben. Unsere Pässe wurden dann durchgesehen und einer der Kartenspieler, welcher die erste Untersuchung vornahm, sagte mir, ich müßte einen Gouvernements-Paß, das heißt einen russischen, haben. Aus der kurzen Erfahrung mit den jüdischen Kutschern u.s.w. hatte ich indessen schon so viel gelernt, daß ich einsah, man würde hier mit Höflichkeit nicht viel ausrichten. Ich erwiderte ihm daher ganz bestimmt: ›Ich nehme keinen anderen Paß‹ und auf die Frage: ›Warum nicht?‹ ›Weil ich keinen brauche und deshalb keinen will; bestehen Sie aber dennoch darauf, so werde ich mich an den amerikanischen Minister wenden, damit er mir Recht verschaffe.‹ Dies schwere Geschütz hatte die erwünschte Wirkung. Der kleine Schreiber wurde ganz höflich und nahm unsere deutschen Pässe an. Nachdem dieselben durch drei Hände gegangen waren und ebenso viele Unterschriften erhalten hatten, wanderten wir in stockfinsterer Nacht nach dem zweiten Polizei-Bureau, woselbst die Pässe noch mit zwei russischen Adlern versehen wurden. Alsdann blieb uns nichts weiter übrig, als wieder eine Droschke zu nehmen und nach dem Bahnhof zu fahren, woselbst wir endlich, ohne Hals und Bein gebrochen zu haben, glücklich ankamen. Hier erhielten unsere Pässe die letzte Oelung und wir konnten nach St. Petersburg weiterreisen.

Ich habe diese etwas ausführliche Beschreibung gegeben, damit manche unserer Brüder daheim, die das Reisen für etwas außerordentlich Angenehmes halten, richtige Anschauungen darüber bekommen und damit sie recht häufig für uns beten.«

In Petersburg angekommen:

»Heute wurden wir von christlichen Freunden in unserer Wohnung besucht und bewillkommt und gingen dann zu dem Buchhändler M., der hier eine Niederlage von Bibeln und Traktaten hat und auch unsere Schriften bezieht. Dieser liebe Mann bat mich, nächsten Montag in seinem Hause die monatliche Missionsstunde zu leiten, ein Anerbieten, das ich um so lieber annahm, als es mich in den Kreis der Gläubigen hier einführen wird. Morgen (Sonntag) werden wir zwei Versammlungen im Hause des Bruders, bei dem wir wohnen, halten, und am Montag beabsichtigen wir, die ersten Schritte zur Erfüllung unserer Hauptaufgabe zu tun. Der Herr ziehe vor uns her und gehe mit uns. Wir müssen blindlings vorgehen, aber es ist ja in Gottes Namen und in seiner Angelegenheit. Ich bitte die Gemeinden inständigst, viel für uns zu beten, denn wir haben weder Macht noch Weisheit, der Geist des Herrn allein kann uns tüchtig machen zur Ausführung unseres Werkes. Er herrscht, und Er allein und deshalb müssen die Liebesgaben seines Herzens auch verwirklicht werden.

Den 1. November 1864.

Mit unserer Mission hier geht es nur langsam vorwärts, wie dies auch wohl nicht anders zu erwarten stand; denn es hält ja immer sehr schwer, zu den Großen und Mächtigen dieser Erde Zutritt zu erlangen. Zudem sind die Entfernungen hier sehr groß und da man kein gedrucktes Adreßbuch hat, so haben wir, bei unserer Unkenntniß der russischen Sprache, große Schwierigkeiten, die Wohnungen derer aufzufinden, denen wir unsere Aufwartung zu machen haben. Gestern Abend leitete ich in dem Hause des Buchhändlers M. eine sehr interessante Missionsstunde; es mochten wohl 30 bis 40 Personen von verschiedenen Religionsgemeinschaften zugegen sein; unter ihnen auch ein General a. D. und ein Staatsrat a. D. . Letzterer hat mich zu einer Privatbesprechung eingeladen und ich hoffe, dieser liebe Mann wird mir einige Winke geben, welche uns zur Erreichung unseres Zweckes von Nutzen sein können. Morgen Abend werde ich, so Gott will, in der Engl. Amerik. Kapelle in englischer Sprache einen Vortrag halten; an Arbeit wird es also, wenn der Herr die nötigen Kräfte gibt, nicht fehlen.

Den 4. November 1864.

Gestern gelang es mir endlich, den Amerik. Gesandten, General Cassius

Clay, zu sprechen. Ich fand freundliche Aufnahme; er gab mir ein Empfehlungsschreiben an den Minister des Innern und bestätigte durch Unterschrift und Gesandtschaftssiegel die Abschrift von Barnards Brief an den König von Preußen, welche wir dem Kaiser von Rußland zu übergeben gedenken. – Heute machten wir uns auf den Weg nach dem Palais des Ministers des Innern, um unsere Documente und eine von Br. Niemetz vortrefflich entworfene Denkschrift, in der unsere Hoffnung und Bitte um Religionsfreiheit für unsere Brüder ausgedrückt ist, zu überreichen. Ich hatte jedoch schon von dem früher erwähnten Staatsrat erfahren, daß wir uns zuerst an den Grafen Sievers zu wenden hätten; wir gingen also zunächst nach dessen Bureau, fanden aber zu unserm Bedauern, daß derselbe erst diesen Abend von einer Reise zurückerwartet werde. – Noch ist also alles in Dunkel gehüllt und wir bleiben auf Glauben, Harren und Beten angewiesen. – Für letzteres rechne ich auf die Unterstützung aller Brüder; besonders bitte ich, unserer dahin zu gedenken, daß wir in dem entscheidenden Augenblick kein Haarbreit von dem Worte unseres Gottes weichen; bleibt doch dies allein in Ewigkeit, wenn aller Irrthum und alle Macht der Menschen längst vergangen sein werden.

Unser Morgen- und Abendgottesdienst in der Familie des theuren Bruders, bei dem wir wohnen, ist sehr lieblich und erbaulich, wozu besonders das Singen einiger Verse zu Anfang und zum Schluß der Andachten wesentlich beiträgt. Möchten wir in Deutschland doch hierin dem schönen Beispiel unserer jungen russischen Geschwister folgen. Es nehmen gewöhnlich an diesen Familiengottesdiensten 12 Personen teil, da die Brüder P. und N. auf einer Etage wohnen.

                                              Den 10. November 1864.
Heute hatten wir endlich eine Audienz beim Grafen Sievers, und dem Präsidenten des Ministeriums des Innern. Wir wurden sehr freundlich aufgenommen und hatten eine mehr als halbstündige Unterredung mit diesen Herren. Der Graf versicherte uns, es stände der Anerkennung unserer Gemeinden nichts im Wege, als die Proselytenmacherei, und folgten hierauf lange Erörterungen über diesen wichtigen Punkt. Wir wurden vom Grafen mit dem Versprechen entlassen, daß er uns möglichst bald bei dem Minister einführen werde.

Nach den Beobachtungen, die ich bis jetzt habe anstellen können, ist die Aussicht für Erreichung der Religionsfreiheit unter der Regierung des jetzigen Kaisers günstiger, als zu irgend einer früheren Zeit in Rußland. Von allen Seiten und aus den verschiedensten Kreisen höre ich das einhellige Zeugnis, daß seit der Thronbesteigung des Kaisers Alexander II. bedeutende Verbesserungen in allen Zweigen der Verwaltung eingetreten sind. Ein ewiges Denkmal hat sich der Kaiser durch die Emanzipation der vielen Millionen Leibeigenen errichtet, welche, nachdem sie ihre Freiheit erlangt, mit Land genug versehen wurden, um sich und ihre Familien ernähren zu können. Hätten die Nord-Amerikaner rechtzeitig ein Ähnliches getan, so würde dem schauerlichen Vernichtungskriege, der jetzt in den Vereinigten Staaten wütet, vorgebeugt worden sein. Aber ein nicht minder großes Denkmal hat sich der Kaiser dadurch errichtet, daß er die Herausgabe des Neuen Testamentes in russischer Sprache veranlaßt hat. Von competenter Seite ist mir versichert worden, daß die Uebersetzung sowohl getreu, als auch fließend und schön ist. Der Herr gebe es dem Monarchen und seinen Räten ins Herz, dem Volke nun auch das dritte hohe Gut – völlige Religionsfreiheit – zu verleihen.

St. Petersburg ist eine der schönsten Städte, schöner wie ich sie auf meinen Reisen in Europa und Amerika kaum gesehen; eine Stadt von Palästen, mit breiten, schönen Straßen; so können z. B. in einer der belebtesten Straßen, Newsky Prospect, zwölf Wagen mit Bequemlichkeit neben einander herfahren. Die Stadt hat viele Kirchen und überbieten dieselben an Pracht und Reichthümern alles, was wir in Deutschland haben; jedoch ist der Stil schwerfällig und gedrückt. – Unter dem Volke herrscht im Allgemeinen ein streng kirchlicher Sinn, der jedoch fast nur in Beobachtung äußerer Ceremonien sich kund gibt. Hiervon kann man sich täglich überzeugen, wenn man beobachtet, wie die Leute, ob zu Fuß oder zu Wagen, wenn sie an einer Kirche vorbeikommen, ohne Ausnahme das Haupt entblößen, eine tiefe Verbeugung machen und wiederholt das Kreuz schlagen.

In der prachtvollen Isaak-Kirche wurde uns der angebliche Sarg Christi gezeigt, ganz von vergoldetem Silber, der nicht weniger als 5 Centner wiegt. Auch zeigte man uns zwei kleine goldene Kelche mit Kapseln und Löffeln, in welchen Brot und Wein gemischt wird, welches den Säuglingen bald nach ihrer Taufe, die durch Untertauchung geschieht, als das Abendmahl des Herrn gereicht wird. Die Taufe, bei welcher die Teufelsaustreibung stattfindet und bei der die größten Gnadengüter zugesichert werden, wird in der griechischen (orthodoxen) Kirche sehr hoch gehalten.«

»Was willst du für Christus tun?«

»Die Conferenz – Beschlüsse hinsichtlich der Mission« von der ersten Bundeskonferenz enthielten bereits die Empfehlung, daß die regionalen »Vereinigungen« selbständig Missionare aussenden und unterhalten sollten, zusätzlich zu den von Hamburg aus besoldeten Mitarbeitern, die im Dienst verschiedener amerikanischer und englischer Gesellschaften standen. Dies ist auch lange Jahre Brauch gewesen. Die Konferenz beschloß seinerzeit darüber hinaus:

> »Außerdem soll auch eine vereinigte Bundestätigkeit im Missionswerke stattfinden, und zwar zunächst zur dringend nötigen Vorbereitung der Sendboten. Es soll zu dem Ende (Zweck) in Hamburg, wo zur Zeit die meisten Mittel dazu vorhanden sind, die Einrichtung getroffen werden, um solchen Brüdern, die zu Evangelisten sich besonders eignen, einen vorbereiteten Unterricht zu geben.«

Wie dieser Beschluß zu verstehen ist, erhellt sich aus Onckens Votum auf der Konferenz:

> »Es wird aber keineswegs die Absicht der Versammlung sein, die Wirksamkeit für das Reich Gottes von irgend einem Unterricht abhängig zu machen, wie wir dies denn auch bisher nicht getan haben, indem jedes wahre Kind Gottes unter Umständen etwas wird leisten können, und die Ausrüstung von oben stets das bleibt, worauf Alles ankommt. Nur wo es angeht, sollte ein Unterricht in den wichtigsten Dingen stattfinden, damit der Missionssendling die Fähigkeit erlange, sich richtig und gehörig ausdrücken zu können,« und »man sollte sich bestimmt darüber erklären, daß nur solche Brüder, die allgemein als bewährte von der Gemeinde anerkannt sind, von uns ausgesandt werden, um das Reich Gottes auszubreiten, und daß diesen, wenn es möglich ist, der erforderlichste vorbereitende Unterricht erteilt werde, das aber letzteres kein Gesetz sei.«

Die Ausbildung fand in besonderen Kursen statt. Für jeweils etwa sechs Monate nahm die Hamburger Gemeinde bewährte Mitarbeiter aus verschiedenen Gemeinden auf. Den Unterricht hielten erfahrene Prediger, unter anderem Oncken selbst und Julius Köbner. Bis zum Jahre 1874 fanden neun solcher Lehrgänge für »Missionsarbeiter« statt, die insgesamt 85 Männer besuchten. Der Unterricht umfaßte vor allem Bibelauslegung, Predigtskizzen, deutsche Sprache und Gesang; daneben gab es Realfächer wie etwa Schreiben und Rechnen, da eine bestimmte Vorbildung nicht vorausgesetzt werden konnte. Die »Ordnenden Brüder des Bundes«, also die Leiter des Gesamtwerkes, berichteten auf der zweiten Bundeskonferenz:

> »Den Auftrag, neuen Arbeitern vor ihrer Aussendung durch Unterricht die nötige Tüchtigkeit zu verschaffen, betrachten wir als unsere größte und wichtigste Aufgabe. Es kam uns nicht nur darauf an, den Brüdern die Kenntnis des Wortes Gottes und der deutschen Sprache beizubringen, sondern ihr Leben und ihre Fähigkeiten zu beobachten und sie Erfahrungen über das Wesen einer christlichen Gemeinde sammeln zu lassen.«

Kursus der Missionsschule 1865.
In der Mitte sitzend Jakob Braun, Johann Gerhard Oncken, Julius Köbner.

Vom größten Kursus der »Missionsschule« 1865 mit 26 Teilnehmern sind neben einem Erinnerungsfoto wertvolle Dokumente erhalten geblieben. Jahrelang für verschollen gehaltene Mitschriften aus dem Unterricht sind 1977 in einem übertapezierten Wandsafe wiederentdeckt worden. Der eine 598 Seiten starke Band enthält »*Das Evangelium Johannes, bearbeitet von J. G. Oncken, notiert von F. W. Liebig in Hamburg vom 6ten Februar – 27ten August 1865*«. Oncken hat selbst nie Theologie studiert, obwohl ihm in jungen Jahren zweimal ein entsprechendes Angebot gemacht worden war. Aber ein Theologe ist er auf seine Weise auch geworden. Wie oft hat er seit seiner Bekehrung die Bibel gelesen und studiert, jenes Buch, das er in vielen tausend Exemplaren verbreiten half. Wie viele Auslegungen und welche andere Literatur mag er durchgearbeitet haben, als Leser, als Prediger, als Buchhändler, als Verleger. Mit einigen Werken muß Oncken sich sehr intensiv befaßt haben, so etwa dem dreibändigen Römerbrief-Kommentar seines schottischen Freundes Robert Haldane, den er übersetzte und in seinem Verlag 1839 herausgab; auch dessen Schrift »*Die Wahrheit und Autorität der göttlichen Offenbarung, Ueberblick der prophetischen, apostolischen und anderweitigen Zeugnisse von Christo*« erschien in Onckens Verlag. Ebenso kam L. Gaussens »*Die Aechtheit der Heiligen Schrift vom Standpunkt der Geschichte und des Glaubens*« 1870 in zwei Bänden bei Oncken heraus.

Onckens eigene theologische Ansichten können wir teilweise den Glaubensbekenntnissen von 1837 und 1847, mitgeschriebenen Predigten und gelegentlichen Äußerungen anderer Art entnehmen. Vor allem aber ist die Auslegung des Johannes-Evangeliums von 1865 eine Fundgrube, um die Theologie des Gründers der deutschen Baptistengemeinden näher kennenzulernen. »Je mehr uns Gott mit seiner Gnade überschüttet, je mehr werden wir dadurch bestimmt, nach seiner Verherrlichung zu trachten.« Dieser Satz Onckens zeigt uns die beiden Brennpunkte seines Denkens und Handelns als Christ. Die lebendige Erfahrung der übergroßen Gnade Gottes und das Streben, diesem Gott zur Ehre zu leben –, dies sind seine Leitmotive gewesen. Man wird an den Anfang seines Weges als Christ erinnert: hier die in einem methodistischen Gottesdienst empfangene persönliche Gewißheit des Heils, dort die von den Calvinisten hoch geschätzte, über die eigene Person weit hinausreichende Kategorie der Ehre Gottes. Beides zusammen ist auch die Triebfeder des Werkes gewesen, zu dem sich Oncken berufen wußte, der Mission. So lehrte er die Missionsschüler: »Das Werk der Mission ist nach dem Erlösungswerk das größte Werk auf Erden.«

Der zweite Band umfaßt in zwei Teilen 635 Seiten säuberlich mitge-
schriebene Predigten Köbners, die er im Beisein der Kursusteilneh-
mer vor der Hamburger Gemeinde gehalten hat.

Die Gemeinde Hamburg war inzwischen auf über 700 Mitglieder angewachsen. Sie versammelte sich immer noch in einer behelfsmäßi-
gen Unterkunft, seit 1847 nun schon fast 20 Jahre lang, nämlich in einem umgebauten Eisenlager in der Böhmkenstraße. Onckens Plan
war es, für die älteste Gemeinde, die Gastgeberin der Konferenzen
und Missionskurse, eine große Missions-Kapelle zu errichten, »um
darin Tausende unter den Schall des Evangeliums zu bringen«. Ob
ihn der Bau des Tabernakels in London mit seinen fünftausend Sitz-
plätzen auf diese Idee gebracht hat? Dieses Gebäude war notwendig
geworden, da keine andere Versammlungsmöglichkeit bestand, die
Zuhörerschaft des berühmten englischen Baptistenpredigers Charles
Haddon Spurgeon zu fassen. Oder beflügelte ihn mehr die 1858 er-
haltene Concession und die 1866 erfolgte völlige Trennung von Kirche und Staat in Hamburg, um auch in diesem Sinne die »zu Theil
gewordene Freiheit benutzen zu können«? Jedenfalls wurde eifrig
Geld gesammelt, in England und in den Gemeinden des deutschen
Bundes. Die Grundsteinlegung fand am 8. März 1866 statt. Durch

In der Böhmkenstraße

besondere Umstände ist auf den Tag genau 106 Jahre später die damals eingemauerte Kassette mit allen Dokumenten bei Ausschachtungsarbeiten wieder aufgefunden worden. Als wertvollstes Stück kam eine fünfzehnseitige handschriftliche »*Geschichte der Gemeinde getaufter Christen, Baptisten genannt, in Hamburg*« ans Tageslicht. Das Gebäude wurde in eineinhalbjähriger Bauzeit im Garten des alten Anwesens an der Böhmkenstraße errichtet, eine Kirche im neugotischen Stil. Der englische Architekt soll, so wurde erzählt, sich früherer Pläne einer Friedhofskapelle in Wandsbek (der heutigen Osterkirche) bedient haben – unter Verdoppelung der Maße! Jedenfalls war der Neubau bei einer Innenlänge von 27,65 Metern, einer Breite von 13,30 und einer Höhe von 14,50 Metern für freikirchliche Verhältnisse ein »großer Anzug«. Noch nach der Zerstörung 1943 lebte »die Böhmkenstraße« lange in Erinnerung vieler Baptisten als Ort festlicher Gemeinschaft fort. Zur Einweihung war eigens Spurgeon eingeladen worden. Seine Predigt erschien sogleich »zum Besten des Kapellenbaus« im Druck, eine von vielen hundert Predigten des »Fürsten unter den Predigern«, die der Onckenverlag jahrzehntelang in Deutschland verbreitet hat. Von der Akustik der »Böhmkenstraße« soll Spurgeon im übrigen nicht gerade begeistert gewesen sein. In

Die Grundsteinkassette und ihr Inhalt

Die Missionskapelle Hamburg-Böhmkenstraße 1867

seinem viel größeren Tabernakel war er auch in der letzten Reihe gut zu verstehen. Vielleicht war er auch ein wenig erstaunt darüber, daß die Hamburger Baptisten ihre rechtliche Gleichstellung mit der früheren Staatskirche nun auch in ihrem Kirchenbau dokumentierten. Oncken selbst ist sich der Gefahren bewußt gewesen, die in der neuen

Charles Haddon Spurgeon
(1834−1892)

Innenansicht (nach 1927)   *Die zerstörte »Böhmkenstraße« 1943*

veränderten Situation lagen. Hier ein Zitat aus seiner Predigt zur Einweihung der Missionskapelle.

> »Die ersten apostolischen Gemeinden grünten und blühten nur so lange, wie sie unter dem Druck waren. Die Verfolgungen haben das Volk des Herrn erhalten und sind gleichsam der Sauerteig gewesen, der sie durchdrungen hat. Wir gehen jetzt aber der Gefahr entgegen, groß zu werden in den Augen der Menschen. Laßt uns diese Gefahr nicht verkennen. Gott will keine Größe außer sich. Die größten unter seinen Kindern sind unendlich klein und unbedeutend Ihm gegenüber. Unser Weg geht durchs Tal der Demut, wenn wir rechte Jünger sind. Der Herr helfe uns, daß wir uns vor Ihm beugen. Möge Herz und Mund überfließen von seinem Lobe ob all der herrlichen Dinge, die Er, unser Gott, an uns getan hat!«

Der Predigt Onckens lag das Bibelwort Hebräer 13,8 zugrunde: »Jesus Christus, gestern und heute und derselbe auch in Ewigkeit.« Es ist nicht von ungefähr, daß unter den nicht sehr zahlreichen erhaltenen Predigtnotizen Onckens über kein Wort der Heiligen Schrift sich mehr Entwürfe finden. (Derselbe Text ist auch, ohne daß dabei der geschichtliche Bezug bekannt war, als Motto für eine Gedenktafel gewählt worden, die 1976 an einem Eingang der modernen Wohn-

blocks angebracht wurde, die heute auf dem Grundstück in der Böhmkenstraße stehen.) Die Verkündigung Jesu Christi bildete das Zentrum der Arbeit Onckens.

> »Wir haben nicht Gefühle zu predigen, sondern den lebendigen Christus, der unser Vertreter ist bei dem Vater. – Das wahre Christentum ist nichts Subjektives, daß man bei sich selbst stehen bleibt, sondern etwas Objektives: Christus ist das A und O desselben.«

In einem seelsorgerlichen Brief Onckens an einen jungen Freund lesen wir:

> »Wenn in der Schrift vom Glauben gesprochen wird als Weg oder Mittel Gottes, einen schuldigen Sünder zu erretten, dann ist damit immer der Glaube an Jesus gemeint.
>
> Der Gegenstand des gerechtmachenden Glaubens, durch den den Schuldigen nicht nur vergeben wird, sondern durch den sie als Gerechte vor Gott gelten, als ob sie tatsächlich das ganze Gesetz Gottes erfüllt hätten und Anspruch auf den Himmel hätten, das ist Christus, Christus allein. ›Nun wir denn sind gerecht geworden durch den Glauben, so haben wir Frieden mit Gott durch unsren Herrn Jesus Christus,‹ (Röm. 5,1 und Gal. 3,24). ›Wer will die Auserwählten Gottes beschuldigen? Gott ist hier, der da gerecht macht‹ (Röm. 8,33 + 34 und 10,8–13). Der Grund, warum der Glaube in der Heiligen Schrift als von so ausschlaggebender Wichtigkeit dargestellt wird, entsteht nicht aus einer dem Glauben selbst innewohnenden Wirksamkeit, sondern weil wahrer Glaube alles auf der Erde und im Himmel vergißt und zurückweist und auf den Herrn Jesus Christus und Sein Werk schaut und es ergreift. Ach, mein lieber Martin, dies ist das größte Werk oder Tun, das die Seele leisten kann: wenn wir Christus ergreifen und fest daran glauben, daß er uns empfangen und erretten

kann und wird, gerade so wie wir sind, arme, schuldige Sünder, die die Hölle verdienen.

Wir wollen nicht, daß Du ohne gute Werke in den Himmel gehst, mein lieber Junge, weil Du ohne sie nie in die heiligen Tore eintreten wirst, aber wir wollen, daß Du Werke mitbringst, die vollkommen sind: Die Werke des Herrn Jesus Christus, der ohne Sünde war und in dessen Mund keine Lüge gefunden wurde. Seine Nahrung war es, den Willen Seines himmlischen Vaters zu tun, und Er hat das Gesetz verherrlicht und es ehrenvoll gemacht. Deshalb, lieber Martin, bestätigt und verteidigt der Glaube das vollkommenste Werk und den vollkommensten Gehorsam: weil beides auf dem ruhmreichen Werk unseres lieben Erlösers ruht. Wenn das der Fall ist, ergibt sich daraus die Konsequenz, daß wir in unserem Leben so dicht den Fußstapfen unseres Herrn folgen, wie es unsere gegenwärtige Unzulänglichkeit erlaubt, aber niemals, niemals kann uns unser unvollkommener Gehorsam einen Zutritt zum Himmel verschaffen.«

Die Gemeinde feierte bei der Einweihung auch ein »Liebesmahl«, jene Art von Zusammenkünften, die im Zeichen der Bruderliebe in Erinnerung an die gemeinsamen Mahlzeiten der ersten Christen ein Charakteristikum auch der Baptistengemeinden waren. Spurgeon hielt dabei eine bilderreiche Ansprache für jeden – und die Sonntagsschullehrer und Traktatverbreiter im besonderen. Er begann so:

»Meine theuren Freunde! Ich grüße euch im Namen des Herrn Jesu. Wir haben oft in England gehört, daß eure Gemeinden von einem großen Grundsatze regiert werden, nämlich daß jedes Mitglied für Christum wirken soll. Ich habe gehört, daß eure Mitglieder bei ihrer Aufnahme in die Gemeinde gefragt werden: ›Was wirst Du für Christum tun?‹ und ich denke, daß diese Frage immer getan werden sollte. Wir wollen wünschen, daß alle Mitglieder Bienen seien, und keine Dronen. Es nützt gar nichts, nur den Namen eines Christen zu haben, wenn man nicht auch das ganze Herz desselben hat. Wir haben nicht alle dieselben Gaben, aber wir haben alle einige Gaben. Wie wir kein Glied unseres Leibes verlieren können, ohne daß die andern darunter leiden, so ist es auch in der Gemeinde Gottes. Durch vereinte Kraft wird das Werk ein ganzes, vollständiges. Wenn ein Glied vom Leibe getrennt wird, ist er ein unvollkommener, – wenn ein Glied der Gemeinde seine Aufgabe verkennt, ist es ebenso. Ich danke Gott, daß er so viele Gemeinden erweckt hat zur Betreibung des Missionswerkes, und daß er auch hier unter euch so viele Prediger des Evangeliums berufen hat.«

Südrußland –
ein einladendes Missionsfeld

»Was wirst du für Christum tun?« Diese Frage legte sich auch Onkken immer wieder vor. Im Frühsommer 1868 reist er wieder einmal nach England, um über das Gemeindewerk auf dem Kontinent zu berichten und Geld für den Kapellenbau zu sammeln. In seinem siebzigsten Lebensjahr unternimmt er die anstrengenste Fahrt seines Lebens. Sein Ziel ist Südrußland, speziell die Ukraine. Dort möchte er verschiedene christliche Gruppen besuchen. Dazu zählen die »Stundisten«; sie erhielten ihren Namen von den »Stunden«, besonderen erwecklichen Versammlungen neben den Gottesdiensten der deutsch-lutherischen Kirche. Einige hatten, des Landes verwiesen, in der damals noch zur Türkei gehörigen Provinz Dobrutscha (heute Rumänien) in Catalui eine erste Baptistengemeinde gegründet. Dazu zählen die Mennoniten-Brüdergemeinden, die 1860 entstanden waren; sie unterschieden sich von den »kirchlichen« Mennoniten durch pietistische Frömmigkeit – in Anlehnung an Traditionen der Herrnhuter Brüdergemeinen, aber auch durch baptistische Elemente, etwa die Taufe durch Untertauchen. Diese Form der Taufe hatten sie durch das Lesen baptistischer Literatur, z.B. des Onckenschen »Missionsblattes« wiederentdeckt. Oncken hatte ihnen schon 1866 den Handwerkermissionar August Liebig gesandt, der aber in russische Haft geriet. (Auch unter den Russen entstand 1868 in Tiflis eine erste Baptistengemeinde. In Russisch-Polen war es bereits seit 1858 zu Taufen, 1861 zur Gründung der Gemeinde in Kicin gekommen. In ihr wurden im Jahr 1869 328 Personen als Gläubiggewordene getauft; die Gemeinde unter der Leitung des Ältesten G. F. Alf zählte am Jahresende 771 Mitglieder.)

Oncken konstituiert während seiner Reise eine Baptistengemeinde in Alt-Danzig mit 41 Mitgliedern, und 103 Menschen werden noch im selben Jahr getauft, sowie in Catalui mit 127 Mitgliedern. (Außerdem bestanden in Rußland drei weitere deutsche Gemeinden: Horßczik (1864), Soroczin (1864) und Neudorf (1866), die inzwischen auf zusammen über tausend Mitglieder angewachsen waren, geleitet von

Karl Ondra.) Dies sind Zeichen einer beginnenden Erweckung, die das ganze westliche Rußland von Petersburg bis in die Ukraine erfaßte. Oncken schreibt:

> »Sowohl unter den Deutschen als auch unter den Russen ist ein einladendes Missionsfeld, und wenn ich dreißig Jahre anstatt siebzig alt wäre, so würde ich mein Leben der Bearbeitung dieses brachliegenden, aber vielversprechenden Bodens widmen. Bitten wir den Herrn der Ernte, daß er Seine Arbeiter sende.« – »Ich befehle die Bewegung unter den Russen der ganz besonderen Fürbitte der Gemeinde. Es kann daraus ein Feuer hervorgehen, welches keine Macht der Erde dämpfen kann. Von meinem Besuch in Petersburg an hatte ich die süße Hoffnung, der Herr werde sich ein großes Volk sammeln in diesem großen Reiche.«

Über hundert Jahre später können wir sagen, daß die Saat jener Zeit aufgegangen ist, gibt es doch noch in der Sowjetunion eine mächtige evangelische Bewegung, in der Baptisten Onckenscher Prägung, Evangeliumschristen aus der Petersburger Erweckungsbewegung und Mennoniten-Brüdergemeinden in der Bezeugung des Evangeliums zusammenstehen, trotz aller äußeren und inneren Spannungen.

Im Kreis der Mennoniten-Brüder war Oncken bereit, deren andere Prägung anzuerkennen. Sie lehnten etwa den Eid, den Kriegsdienst und das Rauchen energisch ab und sind so keine »Onckenschen Baptisten« geworden, die in allen drei Fragen keine einheitliche Praxis in den Gemeinden verpflichtend machten. Gleichwohl ordinierte Oncken in der Kolonie Einlage Abraham Unger zum Ältesten der Mennoniten-Brüdergemeinde.

Onckens ausführliche Reisebriefe aus Süd-Rußland im »Missionsblatt« 1869/70 zeigen uns ihn wieder als Missionar, der Verkündigung des Evangeliums und Ordnung des Gemeindelebens zu verbinden wußte.

Der Hamburger Streit

Im Juli 1870 wurde in Hamburg die achte »Konferenz der vereinigten Gemeinden getaufter Christen (Baptisten) in Deutschland, Dänemark, der Schweiz, Frankreich, Polen, Rußland und der Türkei« gehalten. 120 Abgeordnete von 92 Gemeinden waren erschienen. Onkken begrüßte sie mit den Worten:

> »Ich halte es für die höchste Ehre für unsere Hamburger Gemeinde, Euch aufnehmen zu dürfen. Ich hege die Hoffnung, daß dieses bei Weitem die beste Konferenz sein wird, die wir gehabt haben. Es müßte schlecht um unser Christentum bestellt sein, wenn wir nicht mit jedem Tage liebevoller und demütiger würden, und wenn daher das Waffengeklirr nicht immer seltener unter uns gehört würde, ja, wenn es uns durch die Gnade Christi nicht immer leichter würde, auch da, wo wir in unserer Erkenntniß auseinander gehen, dennoch in heiliger Liebe und Nachsicht uns gegenseitig zu tragen. Der Herr gebe, daß wir in einem Geist, in einem Glauben, in einer Liebe, in wahrer Demut und ungeteilter Hingabe an Seine Reichsangelegenheiten unsere Verhandlungen anfangen, fortsetzen und vollenden. Gewiß werden besonders die älteren Brüder darin mit mir Eins sein, daß das Allerwichtigste auf dieser Bundes-Konferenz das Gebet sein wird, ein häufiges Reden mit Gott. Lasset uns beten in kindlichem Glauben, daß der Herr in unseren Tagen noch dieselbe Fülle des Geistes über uns ausgießen kann, wie vor 1800 Jahren; lasset uns beten in der Überzeugung, daß es weniger auf Gelehrsamkeit ankommen wird, um zu einem immer tieferen Verständniß des Wortes Gottes zu gelangen, als auf die Fülle des Geistes, der uns in alle Wahrheit leiten soll. Der Herr aber wolle selbst den Vorsitz unter uns einnehmen, und mit Seinem Geist in allen Versammlungen zugegen sein.«

Das Waffengeklirr, von dem Oncken sprach, sollte leider für einige Jahre nicht leiser, sondern lauter werden. Denn im folgenden Jahr brach der »Hamburger Streit« los, der das Werk der Mission für mehrere Jahre gefährdete. Schwere Spannungen zwischen Oncken und der nachfolgenden Generation, ja auch unter den »Vätern« der Bewegung selbst erschütterten die Gemeinden. Was waren die Ursachen? Der konkrete Anlaß lag in der Bildung einer selbständigen Gemeinde in Altona. Dort, in Schleswig-Holstein gelegen, wohnten viele Mitglieder der Hamburger Gemeinde, meist die wirtschaftlich besser Gestellten, wie Oncken selbst auch. Der aber konnte sich im Hamburger Raum nur eine Gemeinde denken, geeint unter ihm als dem berufenen Ältesten. Gerade hatte er fünf Diakone zum Rücktritt genötigt, weil sie ihrer Pflicht zur Seelsorge nicht nachgekommen seien. Nur schweren Herzens zog er in einer Sitzung die Verselbständigung einer Gemeinde Altona in Betracht. (Juristisch gab es sie längst, seit 1867; auch ein eigener Versammlungsraum war schon vorhanden.) Doch Onckens Bedenken gegen eine selbständige Gemeinde Altona blieben bestehen, und bald konnte er sich nicht mehr an frühere Zusicherungen erinnern, Zeichen einer zunehmenden Altersschwäche. Die Fortsetzung einer Gemeindestunde am 5. November 1871 unter Leitung des Diakons Jakob Braun kam dann in seinen Augen einer

Jakob Braun (1819–1908)

Revolution gleich. Oncken hatte die Versammlung für beendet erklärt, »die Ältesten« aber, so hieß es im Glaubensbekenntnis, »führen den Vorsitz in den Gemeindestunden, deren Leitung sie übernehmen«. So sah er die Gemeinde in Gefahr, denn für ihn galt unbedingt, daß die eine Gemeinde durch einen Ältesten repräsentiert wird. Hinzu traten wirtschaftliche Sorgen, denn die Hamburger Kapellenbauschulden drückten immer noch gewaltig. Vollends verwirrend wurde die Situation, als Oncken durch eine Broschüre alle anderen Gemeinden über das Vorgefallene informierte »*Die jüngsten Ereignisse in der Hamburger Gemeinde. Mitgetheilt von dem Ältesten derselben, J.G. Oncken, für die vereinigten Gemeinden getaufter Christen in Deutschland, Dänemark, der Schweiz, Frankreich, Polen und der Türkei*«. Die Altonaer antworteten prompt mit einer Gegenschrift. Fortan begleitete literarisches »Waffengeklirr« die Auseinandersetzungen. Hin und her im Lande spalteten sich die Geister. Die

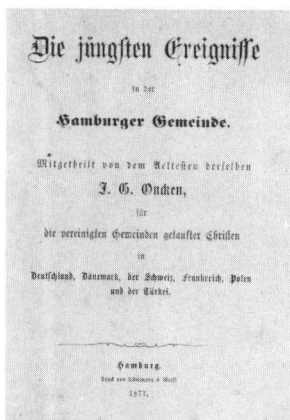

einen traten auf Onckens Seite, die anderen hielten es mit den Alto-
naern, unter ihnen Onckens alte Mitkämpfer G. W. Lehmann und
Köbner. Sie waren als »Ordnende Brüder des Bundes« zu Hilfe gerufen worden, suchten vergeblich zu vermitteln und beteiligten sich
dann an der offiziellen Gründung der Gemeinde Altona am 19. November 1871. 148 Mitglieder, unter ihnen acht Diakone der Hamburger Gemeinde, bildeten fortan die Gemeinde Altona. Onckens
Reaktion war seltsam. Er löste die Gemeinde Hamburg auf und ließ
diejenigen, die weiterhin zu dieser Gemeinde gehören wollten, eine
Verpflichtungserklärung unterschreiben! Schließlich kündigte er sogar einigen Missionaren und verweigerte ihnen fortan das Gehalt,
weil sie seiner Meinung nach »durch Anerkennung der Revolte in
Hamburg nur zur Uneinigkeit und zum Unfrieden in unserem Bunde
beitragen«. Inzwischen hatte sich G. W. Lehmann ratsuchend an die
Missionsgesellschaft in Boston gewandt. Sie pflichtete ihm in einem
Sendschreiben bei, galt doch die Autonomie der Ortsgemeinde den
amerikanischen Baptisten immer schon als unantastbar, warum sollte
es also nicht auch eine selbständige Gemeinde in Altona geben? Der
Streit weitete sich zu einer prinzipiellen Auseinandersetzung um
Strukturfragen des Bundes aus. Sollten sich nicht mehr alle »einer
Gemeinde« zugehörig wissen? Sollte Hamburg nicht mehr wie bisher
eine Art »Vor-Ort« des Bundes sein? Sollte es vorbei sein mit der or-
ganisatorischen und missionarischen Einheit des Bundes?

Da Oncken nicht mit sich reden ließ, wurde ihm auch der Vorsitz im deutsch-amerikanischen Komitee genommen. Damit war er nun in den Finanzfragen nicht mehr der entscheidende Mann. Oncken, persönlich getroffen, sieht sich im Stich gelassen. Zudem war gerade sein Schwiegersohn und engster Mitarbeiter Carl Schauffler im Alter von nur 35 Jahren gestorben. Kommissionen tagen, Gutachten werden erarbeitet, schließlich wird für den März 1873 vorzeitig eine Bundeskonferenz einberufen. Oncken fühlt sich sehr elend. Es plagen ihn nicht nur seine alten Kopfschmerzen. Hinzu kommt die Sorge um das Leben seiner zweiten Frau, Ann, verwitwete Dodgshun. Sie stirbt am Vortage der Konferenz.

Die Verhandlungen bringen in den strittigen Problemen kein Ergebnis. Der letzte Antrag lautet, »die Rechtsfrage in dem Streite der Hamburger und Altonaer Gemeinde ganz fallen zu lassen, nur auf der Grundlage des Friedens und der Versöhnung Rat und Hilfe anzubieten«. Er wird mit nur 51 gegenüber 45 Stimmen angenommen, so daß von diesem Beschluß keine heilsame Wirkung ausgehen kann. Ein Teilnehmer urteilte: »Es zeigte sich auch hier die Tatsache, daß durch Friedensbeschlüsse kein Frieden geschaffen werden kann, wenn die Friedensstimmung nicht vorhanden ist.«

Noch drei weitere Jahre währte der Streit. Nun verlagerte sich das Problem gar noch auf die Vereinigungen, die sich im Für und Wider mit Beschlüssen traktierten. Selbst die Zugehörigkeit einzelner Gemeinden zum Bund wurde bestritten. Über der Frage der Autonomie der Ortsgemeinden kam es zur Spaltung der Mittel- und Süddeutschen Vereinigung; die auf absolute Unabhängigkeit pochenden Gemeinden des Rheinlandes lösten sich von den übrigen.

Verständigung und Versöhnung

1876 – wieder Bundeskonferenz. Auf dringendes ärztliches Anraten nimmt Oncken erstmals nicht teil. Er reist mit seiner Frau Jane, die er Weihnachten 1874 in London geheiratet hat, zu deren Verwandten nach Zürich. Einer seiner Freunde, der Erweckungsprediger Kemnitz aus Templin, schreibt in diesen Tagen über ihn:

> »Bruder Oncken ist ein Mensch, hat seine Schwächen, aber es gibt keinen zweiten in unserer Mission, den der Herr so zum Rüstzeug gemacht und durch den er sich so verherrlicht hat, wie durch ihn. Sollen die Kinder die Gebrechen des Alters tragen, dann denke ich, sollten wir auch die des Br. Oncken in Liebe beurteilen. Möchte der Herr den rechten Geist senden, daß alle in den Staub gedrückt werden, zu Jesu Füßen unter das Kreuz, und solange liegen bleiben, bis das Getrennte mit dem Ganzen vereinigt wird, um wieder in Liebe des großen Gottes Werk zu treiben.«

Und das Ersehnte gelingt. Die streitenden Parteien versöhnen sich. Man besinnt sich auf den Grundsatz: »Die Baptisten-Gemeinden sind Missions- und nur Missions-Gemeinden! Die Tätigkeit, die der Heilige Geist uns vorzeichnet, ist Mission!« Die vergangenen fünf Jahre haben in missionarischer Hinsicht eine deutliche Schwächung gebracht.

Johann Wiehler, der an Onckens Stelle den Vorsitz eingenommen hatte, findet die bewegenden kindlich schlichten Worte, die den Frieden stiften helfen.

> »Theure Brüder! Ich bitte um die Gunst, ein kurzes Wort an euch zu richten. Meine Gefühle überwältigen mich vor Freude, eure Angesichter in einer Zahl zu sehen, wie nie zuvor. Als ich vor drei Jahren sagte, wir sehen uns hier wieder, da wurde von manchem der Kopf geschüttelt. Vor einigen Wochen glaubte ich es auch nicht, und mir ist es ein Wunder vor meinen Augen, eine solch liebliche Zahl versammelt zu sehen. Wer hätte auch zu Hause bleiben können? Wer den Geist der Liebe fühlte, konnte es nicht. Was wollen wir nun hier? Wollen wir uns zanken? Nein, sondern Friede und Eintracht herstellen. Dieses sind unsere Gefühle; ich darf es wohl aussprechen, wir wollen alle den Frieden. Und wenn auch noch mehr oder weniger Bedingungen gestellt werden, wir sehnen uns doch nach Frieden.
>
> Mir geht es wie Pharao's Obermundschenk in Betreff Joseph's. Als ich euer Angesicht sah, fiel es mir ein, daß ich gegen so ehrenwerthe Brüder manches gedacht, geredet und geschrieben habe, was mir heute leid tut. Nun soll ich den Vorsitz haben und ich bin ungeschickt dazu, wenn ich mich nicht vorher mit euch versöhnt habe. Ich bitte also dringend ohne Ausnahme, mir zu verzeihen, wo ich gefehlt habe.

Ich bitte alles hinwegzutun, was unserer Bruderliebe hinderlich ist, und wir werden sehen, wie Herzen sich aufschließen in aufrichtiger Bruderliebe, trotz der Anstöße, die vorgekommen sind. Ich wünsche, daß wir unsern Verhandlungen ein Gottes-Wort zu Grunde legten, durch welches wir bewogen werden, in solchem Geist zu reden, wie es Gott wohlgefällig ist.

Kol. 3,12−14 heißt es: ›So ziehet nun an, als die Auserwählten Gottes, Heilige und Geliebte, herzliches Erbarmen, Freundlichkeit, Demut, Sanftmut, Geduld, und ertraget einer den anderen, und vergebet euch untereinander, so jemand Klage hat wider den andern; gleichwie Christus euch vergeben hat, also auch ihr; über alles aber ziehet an die Liebe, die da ist das Band der Vollkommenheit.‹

Dieses Wort führt uns in die Garderobenhalle unsers Königs und fordert uns auf, anzuziehen herzliches *Erbarmen*. Denke doch jeder, wie der Herr uns mit Erbarmen entgegenkommt, so daß wir singen:

>»Mir ist Erbarmung widerfahren,
>Erbarmung, deren ich nicht wert.«

So sollen auch wir herzliches Erbarmen haben mit einem Bruder, der gestrauchelt hat. −*Freundlichkeit*. Ich sehe heute lauter freundliche Gesichter und fühle die herzlichen Händedrücke; wenn es so ist, so werden wir keine bittere Worte hören oder krause Stirnen sehen. Manche Brüder haben im voraus Gespenster gesehen, aber heute sehen wir nur freundliche Gesichter. −*Demut*. Laßt uns die Demut anziehen, denn Gott widersteht den Hoffärtigen, aber den Demütigen gibt er Gnade. −*Geduld*. Ja, Geduld ist uns not, die laßt uns für unsere Seligkeit achten. Wer wäre noch hier, wenn Gott nicht Geduld mit uns hätte! Wie Gott mit uns Geduld hat, so sollen auch wir Geduld miteinander haben. Über Alles aber ziehet an die *Liebe*, das Band der Vollkommenheit. Die Liebe deckt der Sünden Menge, sie glaubt alles, sie hofft alles, sie duldet alles. Wenn wir Liebe haben, uns gegenseitig lieben, dann wird es eine liebliche Konferenz werden. Wir haben zu diesem Feste den besten Rock mitgebracht und mancher hat sich vielleicht sogar extra einen neuen dazu machen lassen. Auf der Reise haben wir einen schlechten angezogen, aber hier haben wir den besten an. So sollen auch unsere Seelen das beste Kleid anhaben, welches zu diesem Königsfeste paßt. Darum sucht euch dasselbe aus. Welches Kleid möchtest du haben? Meinen Augen gefällt die Demut am besten; ich möchte ganz demütig sein. Ein anderer wählt vielleicht das Erbarmen, oder die Liebe, oder die Geduld. Jeder hat die Wahl, und wer alle Kleider wählt, tut wohl am besten und wird glänzen wie eines Engels Angesicht. Laßt uns diese Kleider anziehen. Zum Anziehen gehören Hände. Ein Gesunder kann sich selbst anziehen, wer aber die Gicht in den Armen hat, bedarf der Hilfe anderer. Sind hier vielleicht Gichtbrüchige unter uns? Dann bedürfen sie der Gebetshände. Was nützt uns das Disputieren? Wir gehen lieber in die Garderobenhalle und kleiden uns. Laßt es uns tun, indem wir unsere Herzen im Gebet zum Herrn wenden.«

Der Ausgleich zwischen den zerstrittenen Vereinigungen erfordert viele Kommissionssitzungen und noch mehr Gebet. Die Abgeordneten der Mittel- und Süddeutschen Vereinigung kommen zu einer Sondersitzung zusammen, während die übrige Konferenz drei Stunden lang in Gebet verbringt. Schließlich stürzt Joseph Lehmann, neben seinem Vater Prediger der Berliner Gemeinde, in die Kapelle und ruft: »Wir haben über uns selbst gesiegt.« Der Durchbruch ist gelungen. Die Satzung des Bundes wird einstimmig geändert und den neuen Verhältnissen angepaßt. Auch die Gemeinden Altona und Hamburg kommen zusammen. Der Altonaer Älteste Jakob Braun läßt das letzte Flugblatt des ganzen langen Streites drucken, zugleich das kürzeste.

Lieber Bruder!

Gestern hatten wir die große Freude, daß beide Gemeinden **Hamburg** und **Altona** sich versöhnten und den Friedensbund auf's Neue schlossen, hinfort als Schwestergemeinden neben einander fortzupilgern, bis es endlich heimgeht.

All' Fehd' hat nun ein Ende!

Sie werden gewiß Theil nehmen an diesem so herrlichen Ereigniß und mit uns den Herrn preisen, der es aus Gnaden geschaffen hat.

Grüßend Ihr Bruder

J. Braun.

Näheres folgt später.

Letztes Flugblatt
im
»Hamburger Streit«

Aber alle Fehde hatte noch kein Ende. Einmal muß man geraume Zeit ansetzen, bis sich der Geist der Versöhnung im Gefolge der Konferenz landauf, landab auswirken konnte. Vor allem aber hatte Johann Gerhard Oncken ja nicht an der Konferenz teilgenommen. Mithin fehlte einer der Hauptbeteiligten! Wie würde er reagieren? – Noch auf der Konferenz wurde aus einem Brief Onckens sinngemäß zitiert, »daß es ihm keineswegs Freude machen würde, wenn Einigkeit hergestellt würde auf unrechtmäßigem Wege«. Deutliche Äußerungen Onckens liegen vor in einem Brief, den er am 23./24. Juli 1876, den Schlußtagen der Konferenz, aus Zürich an seinen Mitarbeiter im Verlag, Theodor Irrsich, richtete. Bis vor einiger Zeit hielt sich dieses Schreiben zwischen Belegen verborgen. Vor uns liegt ein Dokument, an dem Kranksein und Gekränktsein mitgeschrieben haben. Wir wollen darauf verzichten, hier den vollen Text wiederzugeben, und bringen daher nur die zusammenfassenden Sätze eines Zettels, den Oncken beigelegt hat.

»Was ich vor allen Dingen wünsche, da ich keiner Konferenz auf Erden mehr beiwohnen werde, nach menschlichen Aussichten, ist: eine gründliche Verständigung und Aussöhnung mit allen, die Altonaer nicht ausgeschlossen; – aber nur auf einer göttlichen Grundlage: ein ehrliches Sündenbekenntnis und rechtschaffene Früchte derselben. Lehmann, Köbner und Braun haben mich aus dem deutsch-amerikanischen Komitee verdrängt und ein völlig neues, aus lauter Revoltanten bestehendes organisiert, und solange dies fortbesteht, gebe ich für ihre Geständnisse und Sündenbekenntnisse keinen Deut. Nun dem die Sache befohlen, vor dem wir bald alle Rechenschaft abzulegen haben von allem, was wir hier und besonders in Beziehung auf sein Gnadenreich getan haben. Mit herzlichem Gruß an Sie, die lieben Ihrigen, die ganze Gemeinde und alle auf der Konferenz, die meinen Gruß annehmen wollen, Ihr im Herrn verbundener J. G. Oncken. In meiner Krankheit ist bis jetzt noch keine Besserung eingetreten.«

Der Tenor des gesamten Schreibens läßt ahnen, daß auch im Verhältnis Onckens zu seinen engsten Mitstreitern nicht so schnell eine Besserung eintreten sollte.

Einen ganz anderen Brief hat uns Julius Köbner hinterlassen. Hier dessen Vorgeschichte.

Im Jahr nach der Friedenskonferenz, nämlich am 21. Mai 1877, trat Köbner im Einvernehmen mit den »Ordnenden Brüdern des Bundes« eine ausgedehnte Missionsreise durch Deutschland und die Schweiz an. An 95 Orten predigte er während der Reise, die bis zum 2. November 1877 dauerte. Ein Ort fehlt auf der langen Liste: Hamburg! Von Kopenhagen kommend, hatte er sich schnurstracks nach dort begeben, um nicht nur die Gemeinde, sondern eben Oncken zu besuchen. Auf diesen Besuch muß sich die briefliche Notiz beziehen, die Ruth Baresel-Köbner in der Biographie ihres Vaters mitteilt: »Ich ging zu Oncken, reichte ihm meine Hand und bekam eine saure Miene.« Am Gottesdienst in Hamburg nahm Köbner nur als Zuhörer teil; er wollte den leitenden Brüdern die Mühe ersparen, erst einen von ihnen als notwendig erachteten Gemeindebeschluß herbeiführen zu müssen, ob er in ihrer Gemeinde predigen dürfe. Dabei war er zwölf Jahre an Onckens Seite Hamburger Prediger gewesen! Als er dann noch nach dem Gottesdienst auch zur Gemeindestunde sitzen blieb, waren die Brüder entrüstet. Ruth Baresel bemerkt treffend: »Kein angenehmer Reisebeginn.« Die dann folgende Reise selbst könnte man eine Good-Will-Tour im Dienste der Versöhnung nennen. Sie verlief ohne Frage deshalb so positiv, weil Köbner seinen ausschließlichen Auftrag darin sah, auf dieser Reise als Missionar, als Evangelist zu predigen. »Es versteht sich«, so kündigte er vorsorglich im Missionsblatt an, »daß ich mich, um mich meiner heiligen Aufgabe ganz und ungeteilt widmen zu können, von allen anderen Angelegenheiten fernhalten und mich bemühen werde, das köstliche Band, welches alle Gemeinden, die ›einen Herrn, einen Glauben und eine Taufe‹ bekennen, umschließt, noch fester zu machen.« Genau dies wurde erreicht.

Um so mehr schmerzte es Köbner, daß es noch immer nicht zu einer persönlichen Verständigung zwischen Oncken und ihm gekommen war. Nach Kopenhagen zurückgekehrt, entwirft er noch im gleichen Monat jenen ausführlichen Brief an Oncken, nicht leichthin, sondern jedes Wort abwägend. Am 20. November schreibt er ihn dann in gestochener Schrift ins Reine und sendet ihn an Oncken ab.

»Kopenhagen, den 20. November 1877.

Theurer Bruder Oncken!

Der Herr hat Gnade gegeben zu meiner Reise und mir wunderbar bei der köstlichen Arbeit für sein Reich geholfen. Dabei ist zu meiner Erquickung und Ermutigung überall eine warme Bruderliebe mir entgegengekommen, die alles Erdenkliche für mich tat, so daß ich zurückgekehrt bin der seligen Überzeugung voll, mich mit allen meinen Geschwistern im Verhältnis der Eintracht und des Friedens zu befinden. Um so schmerzlicher ist es mir, daß zwischen uns das Verhältnis so ganz anders ist! Ich habe zwar erkannt, daß dieses Verhältnis nur durch die Allmacht geordnet werden kann, und infolgedessen schon seit langer Zeit es mir zur Regel gemacht, nie mit dem Herrn zu reden im Gebet, ohne Ihrer vor ihm zu gedenken; doch ich halte es für übereinstimmend mit dem Willen Gottes, durch diese Zeilen einen letzten Friedensversuch zu machen.

Zuerst muß uns beiden klarwerden, wie wir zueinander stehen. Sie glauben, ich habe mich in dem großen, unsere Gemeinden bedrohenden Streit schwer verschuldet, besonders aber an Ihnen mich versündigt. Ich hingegen glaube, daß Sie Unrecht getan und besonders an mir sich sehr versündigt haben. Sie glauben, es sei meine Pflicht, ein Bekenntnis abzulegen und um Verzeihung zu bitten. Ich hingegen glaube, es sei Ihre Pflicht, getanes Unrecht zu bekennen und mich wegen der Sünde, an mir begangen, um Verzeihung zu bitten. In langen Jahren stehen wir schon so, und währenddessen rückt der Tod starken Schritts an uns heran. Dem Alter nach stehen wir schon mit einem Fuß im Grabe. Die Frage ist eine sehr ernste: Wollen wir in diesem Zustand sterben? Und was wird, im Falle es geschieht, in der Ewigkeit daraus hervorgehen? – Die hinrollenden Jahre haben nicht die geringste Änderung unserer einander widersprechenden Überzeugungen hervorgerufen, und die Wahrscheinlichkeit einer Änderung verschwindet immer mehr. Was ist unter diesen Umständen der Wille Gottes?

Ich glaube, Gott will, daß wir bedingungslos Frieden schließen, indem einer den anderen der Bearbeitung des Heiligen Geistes überläßt; daß beide die ganze Vergangenheit in die bodenlose Tiefe der Vergessenheit werfen, um von neuem Tage der herzlichen Liebe und Eintracht anzufangen, und so eine Aussöhnung in Geist und Wahrheit stattfinde.

Die Gründe, welche einen solchen Schritt fordern, sind folgende:

1. Gott hat sich mit uns versöhnt und uns vergeben, nicht um irgendeiner Satisfaktion willen, die wir ihm gegeben haben, sondern aus freier unverdienter Gnade. Folglich sind wir schuldig, ebenso gegeneinander zu verfahren.

2. Wir sind beide voller Sünde in uns selbst immerdar. Auch in dem Streit fehlt sie nicht auf beiden Seiten. Aber unsere Erkenntnis der Sünde und unser Geständnis sind höchst mangelhaft und daher nichtig. Dennoch ist die Versöhnung und Vergebung Gottes ganz vollkommen. Das Blut Jesu Christi, für uns vergossen, befiehlt uns, Gott ähnlich zu sein in Gesinnung und Handlungsweise.

3. Wer hat je die Frage aufgeworfen, wieviel die Sonne weiter entfernt sei von einem Tal als von einem Hügel auf Erden? So ist das Verhältnis dessen, was wir Gott schuldig sind, zu dem, was wir einander schuldig sind. Letzteres ist, verglichen mit dem ersteren, eine verschwindende Größe.

4. Solange wir unversöhnt miteinander sind, können wir nicht freudig und glücklich sein; es muß etwas Wesentliches fehlen an der inneren Zufriedenheit. Die Versöhnung hingegen ist Friede für die Seele und Freudigkeit für das Herz.

5. Auf Erden sind wir schwach und kindisch hinsichtlich unseres Verstandes, wie es uns Gottes Wort erklärt (1. Korinther 13, 10–12). Daher dürfen wir Dinge und Umstände nie mit völligem Selbstvertrauen beurteilen.

Für mich haben obige Gründe nicht nur vollkommene Gültigkeit, sondern meine tiefste Neigung stimmt auch mit der Forderung derselben überein. Deshalb bin ich von Herzen bereit, bedingungslos und ohne irgendwelche Satisfaktion zu vergeben und zu vergessen; bin bereit, das frühere schöne und selige Verhältnis zu erneuern durch die uns zu Gebot stehende Kraft des Allmächtigen. Wenn Sie nun dieselbe Bereitwilligkeit fühlen und erklären, steht einer völligen, herzlichen und Gott wohlgefälligen Versöhnung nichts mehr im Wege, sondern sie ist vielmehr vollzogen, und wir werden uns beide zufrieden und glücklich fühlen.

Nun Lebewohl und den freundlichsten Gruß an Ihre liebe Frau. Der Herr walte und werde gepriesen! Mit sehnsuchtsvoller Liebe Ihr Bruder in Christus J. Köbner.«

Hier spricht ein Prediger, ohne Frage, einer, der – mit Paulus zu reden – nicht anderen predigen möchte und selber verwerflich lebte.

Hans Luckey teilt nun in einer Festschrift der Gemeinde Altona mit, dieser Versuch Köbners, mit Oncken auch persönlich alles ins reine zu bringen, sei gescheitert. Andererseits weiß Ruth Baresel von einem Versöhnungsbesuch Köbners bei Oncken zu berichten, »nachdem Köbner einen liebenswürdigen Brief vorausgeschickt hatte«, womit sie wohl den Brief vom November 1877 meint. Wie reimt sich das zusammen? Beide Autoren haben recht – und auch wieder nicht. In der Tat, von einer positiven Reaktion Onckens auf den Brief wissen wir nichts. Jedoch hat ohne Frage einmal ein Versöhnungsbesuch stattgefunden. Wir besitzen nämlich noch ein Schreiben Köbners an Oncken. Darin schreibt er aus Elberfeld, wohin er inzwischen übergesiedelt ist:

Brief Köbners an Oncken vom 27. April 1880

»Theurer Bruder Oncken! In sehr freudiger Stimmung führte mich der Herr wohlbehalten nach Hause. Ihm sei Preis und ewige Anbetung für sein Werk unserer Versöhnung! Wieder hat es sich in meiner Erfahrung herrlich bestätigt, daß er ein Gott ist, der Gebet erhört, und das gibt neuen Mut betreff alles dessen, was noch von ihm zu erflehen ist. Ich werde nicht aufhören, alle Tage ihn darum anzugehen, daß er Ihre letzten Lebenstage kröne mit Wundern der Barmherzigkeit. Er ist ein großer Gott und kann im hohen Alter, wenn die leibliche Schwäche noch so groß ist, doch über Bitten und Verstehen an uns tun. Ihm sind mehr Dinge möglich, als wir Armen begreifen können. Gedenken Sie auch meiner, wenn Sie zu ihm seufzen. Es ist köstlich und selig, eines Herzens zu sein in Jesus, der uns beide mit gleichem teurem Preise erkauft hat.«

Es folgen dann einige private Mitteilungen, die deutlich erkennen lassen, daß dieser Brief in überaus gelöster und zufriedener Stimmung geschrieben wurde. Nun stellt sich nur noch die Frage: Wann fand der in diesem Brief erwähnte Besuch statt? Der Brief trägt als Vermerk lediglich: Elberfeld, den 27. April. Hier hilft uns ein kleines Blindexemplar der »Glaubensstimme« weiter, in dem Köbner gewissenhaft seine private Kassenführung notierte, eine Fundgrube erster Ordnung. In diesem Kassenbüchlein heißt es nun unter 1880:

»Mehrausgabe auf einer Reise nach Hamburg
den 23. April   (Mark) 11,00.«
An der Gemeinde für 2 Sonntage   1,20.«
Brief an Oncken   –,20.«

Mit anderen Worten: am Freitag, dem 23. April 1880, übrigens just dem 46. Jahrestag der Gründung der ersten deutschen Baptistengemeinde in Hamburg, reiste Köbner nach dort und besuchte, wie man vermuten darf, sogleich am Sonnabend, dem 24. April, Oncken. An diesem Tage also versöhnten sich die alten Kämpfer, über zwei Jahre nach dem großen Versöhnungsbrief Köbners! Am Sonntag wird Köbner im Gottesdienst der Gemeinde gewesen sein und kehrte jedenfalls am Montag, dem 26. April, zurück. Tags darauf, den 27. April, schrieb er jenen freudigen Brief.

Das Bild rundet sich durch ein Antwortschreiben der Jane Oncken vom 30. April 1880. Sie schreibt im Auftrage ihres Mannes, der dies seit einem Schlaganfall 1879 nur noch selten selbst tun kann.

»Lieber Herr Köbner, vielen herzlichen Dank von meinem lieben Manne
für Ihren freundlichen Brief vom 27ten . . .«

An dieser Stelle sei eingefügt, daß sich auch G. W. Lehmann und
Oncken in einer persönlichen Aussprache völlig ausgesöhnt haben;
hieran scheint Köbner nicht ganz unbeteiligt gewesen zu sein, jedenfalls fährt Jane Oncken fort:

> »Ich habe Ihren Wunsch, den Sie mir aussprachen, als ich Sie neulich sah,
> erfüllt; und mein lieber Mann sendet durch Sie seinen herzlichen Gruß
> an seinen alten Freund und Mitarbeiter, Herrn Pastor G. W. Lehmann in
> Berlin; er hätte an Sie dieses selbst geschrieben, aber leider ist er zu un-
> wohl, er sendet Ihnen seinen herzlichsten Gruß.«

Wenn man die langen Zeiträume bedenkt, in denen Versöhnung her-
anreifte, möchte man zu dem Schluß kommen: Versöhnung braucht
Zeit. Aber das wäre zuwenig. Wenn man die Geschichte und das sich
darin widerspiegelnde Leben aufmerksam betrachtet, so kann es nur
heißen: Versöhnung braucht Ewigkeit, denn anders als im Lichte der
Ewigkeit, im Lichte Gottes, gelang auch im Leben der Väter des deutschen Baptismus nicht das Werk der Versöhnung.

Auch zwischen Oncken und Jakob Braun kommt es zu einem denk-
würdigen, persönlichen Friedensschluß, diesmal musikalisch. Braun,
der jahrelang in Onckens Buchhandlung tätig gewesen war, hatte sich
im Sommer 1871, also unmittelbar vor dem akuten Ausbruch der
Schwierigkeiten, geschäftlich selbständig gemacht. (Sein Name ist
heute noch im Hamburger Straßenbild neben dem Rathaus zu finden.) Er war der »Gesangmeister« der ersten Generation. Seine Me-
lodien finden sich noch im neuesten Gesangbuch der Evangelisch-
Freikirchlichen Gemeinden, den »Gemeindeliedern«, so der beliebte
Schlußgesang »Ich will den Herrn loben allezeit«. Wie sehr Oncken
seine musikalischen Fähigkeiten schätzte, geht aus einer Bemerkung
im Protokoll der Bundeskonferenz von 1851 hervor.

Hebung des Gesanges.

J. G. Oncken legt der Versammlung die Wichtigkeit der Hebung des Gesanges in den Gemeinden ans Herz. Er sucht zu zeigen, wie groß des Gesanges Macht sei, und wie mächtig er wirken kann, wenn mit der Salbung des heiligen Geistes gesungen wird, in welchem Falle auch ein mächtiger Einfluß auf die unbekehrten Zuhörer zu erwarten ist. Wir sind hier in Hamburg — spricht er — so glücklich, uns an einem wohleingerichteten gottesdienstlichen Gesang zu erquicken, den wir unserm Br. Braun zu verdanken haben. Wir wünschen nun, dieses Gut auch andern Gemeinden mittheilen zu können, und ich dachte daran, Br. Braun von Gemeinde zu Gemeinde ziehen zu lassen, damit seine vom Herrn empfangene Gaben auch den Geschwistern in der Ferne durch Hebung des Gesanges zu Gute käme. Da dieses aber zu viel Zeit erfordert, so halte ich, und mehrere Brüder mit mir, es für das beste, daß jede Gemeinde Einen oder mehre Brüder, die gute Gaben zum Singen haben, hierher sendet, damit sie hier unterrichtet werden. Die Abgeordneten werden gebeten, dies den Gemeinden mitzutheilen.

Und nun – dreißig Jahre später. Der gemischte Chor der längst etablierten Altonaer Gemeinde bringt eines Tages dem ergrauten Oncken in aller Frühe ein Ständchen. Gerührt steht Oncken am Fenster. Er läßt den Dirigenten zu sich heraufkommen. Es ist Jakob Braun. »Braun, kommen Sie her!« Schweigend umarmen sie sich und weinen. Und es folgen bewegende Worte der gegenseitigen Vergebung.

Das Vorbild der ersten Christen und die rechte Verbindung mit Christus

1879 wurden die beiden nebeneinander bestehenden Zeitschriften zusammengefaßt, das »Missionsblatt« mit den Berichten der Missionsarbeiter sowie der Gemeinden und der »Zionsbote. Eine Zeitschrift für christliche Belehrung und Erbauung«. Das neue Organ erhielt den Namen »Der Wahrheitszeuge«. Bei der Namensgebung dürfte Julius Köbner mitgewirkt haben. Er hatte nämlich 1864 unter dem Ti-

Erste Nummer des »Wahrheitszeugen« (1879–1941)

tel »*Die Gegenwart*« eine Schrift seines dänischen Landsmanns Sören Kierkegaard übersetzt herausgegeben, übrigens das erste Werk des bis heute bedeutenden dänischen Religionsphilosophen in deutscher Sprache. Dieses Buch, heute unter dem Originaltitel »*Der Augenblick*« bekannt, enthält Flugschriften, die sich kritisch mit der vorfindlichen Kirche auseinandersetzen. Einer der zentralen Begriffe

Sören Kierkegaards »Der Augenblick«
(»Die Gegenwart«)
in Köbners Übersetzung

darin ist der des »Wahrheitszeugen«. Wir lesen im Registerband der Gesammelten Werke des Philosophen:

> »Der Begriff ›Wahrheitszeuge‹ tritt bei Kierkegaard zuerst in den Jahren 1847/48 auf. Es handelt sich zunächst einfach um die Übersetzung des Begriffs ›Märtyrer‹, und Kierkegaard benutzt ihn von vornherein in polemischer Entgegensetzung gegen die ›Bestehende Christenheit‹, in der es keine ›Wahrheitszeugen‹ gibt.
> Kierkegaard hat dann zu klären gesucht, was von einem Wahrheitszeugen in der gegenwärtigen Situation zu fordern sei. Dieser Wahrheitszeuge muß jedenfalls bereit sein, das Leben für die Wahrheit hinzugeben, wenn das auch nicht so unreflektiert geschehen kann wie bei den altkirchlichen Märtyrern. Kierkegaard hält sich in diesem Sinne nicht für einen Wahrheitszeugen; er gesteht nur redlich den unendlichen Abstand von den echten Wahrheitszeugen ein.
> In der Grabrede auf (den dänischen) Bischof Mynster hat (der Hofprediger) Martensen dann den Begriff ›Wahrheitszeugen‹ aufgenommen und ihm in der Anwendung auf Bischof Mynster den von Kierkegaard gerade gebrandmarkten Sinn untergelegt, hat ihn also für die ›Bestehende Christenheit‹ vereinnahmt. Das war für Kierkegaard die Gewissensnötigung zum Angriff auf diese die echten Wahrheitszeugen verratende Christenheit.«

Hier ist die Frage zu stellen: Waren die Väter des deutschen Baptismus der Ansicht, daß sie den »unendlichen Abstand«, der uns von der Urgemeinde trennt, durch ihre freikirchlichen Prinzipien überwunden hätten? Haben sie sich ohne weiteres mit den »Märtyrern« der frühen Christenheit verglichen? Manche Äußerungen, vor allem aus späteren Jahrgängen der Zeitschrift, deuten auf ein solches unreflektiertes Verhältnis zur Geschichte hin. Den Namensgebern der Zeitschrift ging es aber nicht um eine einfache Identifizierung mit der Urgemeinde und ihren Zeugen. Sie verstanden nicht in erster Linie sich selbst als »die Wahrheitszeugen«, sondern meinten damit Jesus Christus. Lautet doch die Kopfzeile des Blattes:

> »Was ist Wahrheit? – Pilatus.
> Ich bin der Weg, die Wahrheit und das Leben – Christus.«

Jesus als *der* Wahrheitszeuge! Von ihm, als der Wahrheit in Person, sollen seine Nachfolger als Wahrheitszeugen Zeugnis geben. Man vergleiche, was im Johannesevangelium 14,6 und 18,37 darüber steht. In einer der ersten Nummern der neuen Zeitschrift finden wir ein Gedicht von Julius Köbner, das diese Gedanken zusammenfaßt. Es beschreibt, daß durch die Sünde die Lüge in der Welt zur Herrschaft gelangte, bis in Jesus die Wahrheit erschien.

»Nun kann Glaube Wahrheit stark umarmen!
Rettung heißt sie, Jesus heißt sie jetzt.
Nun ist Wahrheit göttliches Erbarmen,
Nun wird alles herrlich neu zuletzt.
Wie entzückt es, wenn sich Sünder beugen
Vor dem Rettungswort der Wahrheitszeugen!«

Imitation schafft kein Leben, am wenigsten geistliches Leben – eine Erkenntnis, die späteren Generationen im deutschen Baptismus nicht immer deutlich vor Augen stand. Kein anderer als Oncken selbst, der oft und gern auf das Vorbild der apostolischen Zeit für Mission und Gemeindepraxis verwies, auch in der Tauffrage, hat die große Gefahr erkannt, die in einem mechanischen Rückgriff auf bloße »Wahrheiten«, Richtigkeiten liegt. Auf einer Konferenz (1868) war er gefragt worden: »Wie wird eine untätige Gemeinde am sichersten und schnellsten belebt und zu einer Missionsgemeinde umgewandelt?« – Eine typische Frage einer zweiten Generation, die bereits etwas erlahmt ist. Die Anfangsimpulse der ersten Generation fehlen nun zum Teil. Onckens Antwort darauf:

»Da unsere Gemeinen sich in allem nach den apostolischen Gemeinen richten wollen, so sei vor allen Dingen not, denselben immer wieder auf's Neue das Vorbild der ersten Gemeinen in Wort und Wandel vorzuhalten, ihnen den Eifer und die Tätigkeit jener ersten Christen recht zu schildern. ›Die nun zerstreut waren gingen um und predigten das Wort.‹ (Apostelgeschichte 8,4.) Doch dieses Vorhalten allein sei nicht genug. Hauptsächlich bedürfen wir die Kräfte und Segnungen des heiligen Geistes. Er muß uns und unsere Gemeinen mehr beleben und durchdringen. Es sei ihm schmerzlich auf's Herz gefallen, daß nach den Berichten der lieben Brüder nur wenige bekehrt worden seien. Die Ursache davon möge teilweise die sein, daß von den Gemeinen nicht genug und ernstlich um den heiligen Geist gebeten worden sei und deshalb sollte es unsere vorzüglichste Aufgabe sein, mehr und ernstlich zu beten um den heiligen Geist und um die rechte Verbindung mit Christo.«

Eine neue Generation

Wie kam es überhaupt zur Zusammenfügung der beiden Zeitschriften? Die Krise, in der sich der deutsche Baptismus in den siebziger Jahren befand, war den deutschsprachigen Glaubensbrüdern in Amerika nicht verborgen geblieben. Von Einwanderern gegründet, hatte ihre Gemeinschaft von den 200-jährigen Erfahrungen des amerikanischen Baptismus profitieren können. Einiges davon sollte nun am Beginn der zweiten Generation in Deutschland verstärkt zum Tragen kommen. Denn nicht in allen Bereichen gab es dort genügend geeignete Männer und Frauen, um das Werk der Mission und des Gemeindeaufbaus zu festigen und weiterzuführen. Vor allem fehlte es an erfahrenen Leuten für die Arbeit der Publizistik und der theologischen Ausbildung. Philipp Bickel, der als aktiver Gast an der Versöhnungs-

Philipp Bickel (1829–1914)

Verlagshaus der deutschen Baptisten in Kassel, errichtet 1898/99

konferenz 1876 teilgenommen hatte, wurde ausersehen, das Erbe Onckens in seinem Verlag anzutreten. Er hatte in den Wirren der Märzrevolution 1848 seine badische Heimat verlassen müssen und war nach Amerika ausgewandert. Dort war er Schriftsetzer geworden. Nach seiner Bekehrung studierte er am Seminar in Rochester, wurde Prediger einer deutschsprachigen Gemeinde und schließlich Redakteur des »Sendboten«, der Zeitschrift der deutschen Gemeinden in Nordamerika. 1878 folgte er dem Ruf zurück in die Heimat. Bald nach Bickels Ankunft übereignete Oncken seine Verlagsbuchhandlung vertraglich dem Bund gegen eine Leibrente. Unter Bickels dynamischer Leitung blühte das Unternehmen auf. Besondere Aufmerksamkeit widmete der erfahrene Redakteur den Zeitschriften. Das neue Blatt »Der Wahrheitszeuge« ist im wesentlichen sein Werk. Als Schriftleiter verstand er sich als »Schmied«. Seine Leitartikel sprühten »Funken vom Amboß«; »heiße Eisen« scheute er nicht und störte manchen baptistischen Leser aus seiner Ruhe auf. (1899 siedelte das »Verlagshaus der deutschen Baptisten« mitsamt einer hinzugekommenen Druckerei nach Kassel über.)

Philipp Bickel ist auch der Vater des »Singvögelein«. Dieses Liederbuch für Sonntagsschulen hatte er zuerst in Amerika herausgegeben. Es gehörte ein Jahrhundert lang zum Lieferprogramm des Oncken Verlages.

Die von Oncken begonnene Ausbildung von Missionsarbeitern wurde 1880 zu einer ständigen Einrichtung. Die Gründung des Predigerseminars wenige Jahre vor Onckens Tod stellte einen Einschnitt in der Geschichte der Gemeinden dar. Nun lag die Aufgabe der Verkündigung in vielen Gemeinden bald in den Händen ausgebildeter Prediger. Mancherorts lösten sie auch in der Gemeindeleitung den »Ältesten« aus Onckens Zeit ab. An der Gestaltung des Seminars hatte wiederum Philipp Bickel besonderen Anteil.

Zu den ersten Lehrern des Instituts gehörte Joseph Lehmann, der Sohn des Berliner Gemeindegründers. Neben ihm stand J. G. Fetzer, wie Bickel ein Deutsch-Amerikaner. Fetzers hochbegabte Frau Frida, geb. Rauschenbusch, war die Seele der neu entstehenden Arbeit unter den Frauen der Gemeinden, des Frauendienstes. Ihr Vater August Rauschenbusch gab eine Generation zuvor den Anstoß zur Gründung

Das alte Predigerseminar, seit 1888 in Hamburg-Horn

Johann Georg Fetzer
(1845–1909) und seine
Frau Frida geb. Rauschenbusch

Joseph Lehmann
(1832–1907)

August
Rauschenbusch
(1816–1899)

der Gemeinde Grundschöttel-Volmarstein (heute Wetter-Ruhr 2). Er war ursprünglich lutherischer Pfarrer in Altena (Westfalen) gewesen. Als Seelsorger für die deutschen Auswanderer kam er nach Amerika. Dort wurde er Baptist. 1853 wollte er in seiner alten Heimat Freunde besuchen, unter ihnen Pastor Ringsdorf in Volmarstein. Ringsdorf war ein entschiedener Christ und hatte einen Kreis junger Männer um sich gesammelt, um mit ihnen die Bibel zu lesen. Lassen wir einen der Teilnehmer berichten:

»Diese praktische Bibelschule für Herz, Mund, Kopf und Hand währte drei Jahre, als wir durch die Nachricht, daß Professor Rauschenbusch, der früher Pastor in Altena und ein persönlicher Freund von Ringsdorf war und nach sechsjährigem Verweilen in Amerika zurück nach Deutschland kommen wollte, ganz aus unserem ruhigen Geleise gebracht wurden. Pastor Ringsdorf erzählte uns nämlich, daß Rauschenbusch in Amerika der evangelischen Kirche den Rücken gekehrt habe und Baptist geworden sei. Rauschenbusch sei zwar ein frommer und begabter Gottesmann, aber er würde schwerlich von seiner veränderten Anschauung über Taufe und Gemeindeverfassung schweigen können; es sei deshalb unsere heiligste Pflicht, uns vor seinem Kommen auf seine Angriffe vorzubereiten. Wir hatten nun jede Woche einen besonderen biblischen Unterricht über Taufe und neutestamentliche Gemeindeordnung. Alle Schriftstellen, die über Taufe, Abendmahl und Gemeinschaft Aufklärung gaben, wurden im Geiste christlicher Gesinnung gelesen, geprüft und vielseitig besprochen, aber – das Resultat war uns nicht günstig, und ohne es offen zu bekennen, fühlten wir die Haltlosigkeit der Säuglingstaufe und der staatskirchlichen Verfassung. Recht ängstlich war uns zumute, wenn wir uns im stillen sagen mußten: ›Die Taufe der Gläubigen ist die allein biblisch richtige.‹
So war gegen unseren Willen Rauschenbuschs Mission sehr gut vorbereitet. Im Herbst 1853 traf derselbe in Volmarstein ein, wo er wiederholt in unserem kleinen Kreise Ansprachen hielt, aber über die Taufe zu unserer Überraschung völlig schwieg. Zu derselben Zeit besuchte uns auch zum erstenmal Pastor Köbner aus Barmen, der ebenfalls bei einer Festlichkeit über ›Petrus auf dem Meer‹ sprach, ohne eine Silbe von der Taufe zu sagen; aber dennoch hieß es im Kreise der Brüder: ›Man konnte aus jedem Worte der beiden Männer die Taufe heraushühlen‹, und das machte uns sehr verdrießlich. Daß unser aufgewecktes Gewissen und der in uns wohnende Widerspruch uns so anklagte und unruhig machte, wollte noch nicht zur klaren Erkenntnis kommen. Jetzt entstanden viele innere und

äußere Kämpfe. Mit den alten christlichen Sitten und Gebräuchen zu brechen, war nicht so leicht; sich von den Fesseln, die uns an Kirche, Familie und edle Freunde banden, zu lösen, erforderte manchen heißen Seelenkampf.«

Im Februar 1854 fiel die Entscheidung. Der Pastor und vierzehn junge Männer wurden in der Nacht vom dritten auf den vierten März durch Julius Köbner, damals Prediger in Barmen, in der Ruhr getauft. Eine ungewöhnliche Gemeindegründung.

August Rauschenbusch kehrte später endgültig nach Deutschland zurück und half im Ruhestand als früherer Professor des Seminars in Rochester beim Unterricht an der Hamburger Predigerschule. Auch revidierte er die Köbnersche »Glaubensstimme«. Ihm – dem ehemaligen lutherischen Pastor – ist es zu verdanken, daß das evangelische Liedgut auch in den Baptistengemeinden Eingang fand. Sein Freund Ringsdorf wandte sich übrigens 1862 aus persönlichen Gründen von der Gemeinde ab und trat wieder in den Dienst der Landeskirche.

Jener junge Mann aber, dessen Lebenserinnerungen der obige Bericht entnommen ist, war von August Rauschenbusch im April 1854 getauft worden. Sein Name ist Eduard Scheve. Er gehörte neben Jakob Braun, Philipp Bickel, Joseph Lehmann, J. G. Fetzer und anderen zu denen, die das Erbe Onckens antreten und neue Wege gehen sollten. Gegen den Widerstand von Bundeskonferenzen rief Scheve im deutschen Baptismus sowohl das Werk der Diakonie als auch die Außen-

Eduard Scheve (1836–1909)

mission ins Leben. Er gründete das Diakonissen-Mutterhaus »Bethel« in Berlin und die deutsche Kamerunmission. Diese Arbeiten hatte die erste Generation so nicht im Blick. Sie dienten genau wie die gut geordnete Verlagsarbeit und Predigerausbildung der Entwicklung und Förderung des Missions- und Gemeindewerkes. Ähnliches gilt von Scheves Initiative, die vereinzelt bestehenden Jünglings-Vereine zu einer gemeinsamen bundesweiten Jugend-Arbeit zu führen.

Dieser kleine Ausblick auf die Namen und Pläne der zweiten Generation zeigt: Der Weg, den Oncken in jungen Jahren zu gehen begonnen hatte, endet nicht mit seinem Lebensweg. Er führte und führt weiter, weil es ein Weg der Nachfolge Jesu war.

»Zur Ehre Gottes und zum Wohl des Volkes«

Oncken erlitt 1879 einen Schlaganfall. Der Achtzigjährige siedelte mit seiner Frau endgültig nach Zürich über. Im Februar 1882 erreicht ihn die Nachricht, daß sein alter Freund Gottfried Wilhelm Lehmann am 21. in Berlin heimgegangen ist. Zur Beisetzung kann Oncken nicht mehr reisen. Der 75jährige Köbner spricht am Grabe und ist auch bereit, die Leitung der Gemeinde zu übernehmen, da deren Prediger, G. W. Lehmanns Sohn Joseph, gerade als Seminarlehrer nach Hamburg gerufen worden ist.

Am 2. Januar 1884 endet Onckens Leben. Von Zürich nach Hamburg überführt, wird er auf dem reformierten Friedhof beigesetzt. (Heute befindet sich die Grabstelle auf dem Olsdorfer Friedhof.) Die Ansprache hält wiederum Julius Köbner, voller Ahnung, daß er als der einzig noch Lebende aus dem »Kleeblatt« der ersten Generation ihm bald folgen wird. Er stirbt genau vier Wochen später an einer Lungenentzündung, die er sich bei Onckens Beerdigung zugezogen hat. Köbners Grabstelle befindet sich auf dem alten Louisenstädtischen Friedhof in Berlin, auf dem auch G. W. Lehmann beigesetzt ist. Die Spuren einer späteren Grabplatte waren schwer zu finden und noch schwerer zu le-

J. G. Oncken
und seine Frau Jane

Gottfried Wilhelm
Lehmann und Frau

Lehmanns
Grabstelle in Berlin

sen. Inzwischen ist ein neuer schlichter Stein gesetzt worden, der den ursprünglichen Text (von Eduard Scheve) aufnimmt:

»In Wort und Leben trat Jesu Lieb' hervor,
Drum singt er jetzt sein ›Lied von Gott‹ im höhern Chor.«

Onckens
Sterbehaus in Zürich

Julius Köbner im Alter

Köbners Grabstelle
in Berlin

»Lied von Gott« – diesen Titel hatte Köbner 1871 seinem größten dichterischen Werk gegeben, einer dramatischen Beschreibung der Wege Gottes von der Schöpfung bis zur neuen Erde, und hatte einen reichen Anmerkungsapparat mit biblischen Belegen angefügt. Einigen Brüdern behagte das voll frommer Begeisterung und Phantasie geschriebene Werk durchaus nicht; sie hätten es nützlicher gefunden, wenn »der liebe Bruder Köbner seine wertvolle Zeit zum Schreiben von Traktaten gebrauchen würde«. G. W. Lehmann rettete die Situation – auf der ohnehin spannungsgeladenen Bundeskonferenz 1873 –, indem er seinen Künstlerbruder mit den Worten verteidigte:

»Man kann den Dichter nicht beschränken. Er erlaubt sich viel Freiheit. Wir müßten sonst auch alle ähnlichen Werke verwerfen: Klopstocks Messiade, Miltons Verlorenes Paradies usw. Ich glaube, Bruder Köbners Fehler ist, daß er die Bibel so buchstäblich auffaßt, wie es die Anmerkungen sagen. Was er aber als Dichter poetisch schildert, darf man nicht als eine Lehre auffassen.«

Daraufhin fiel es Köbner nicht schwer, einzugestehen, »daß seine Meinung über Schriftstellen fehlbar ist, – wie die seiner fehlbaren Brüder«.

Köbners »Lied von Gott«

Ihm ging es – wie Oncken und Lehmann – nicht um Meinungen, sondern – auf seine Weise – um das Lob Gottes. »Erhalter, deinem Namen sei Ehre, Macht und Ruhm!« singt Julius Köbner. »Du trugst allmächtig uns hindurch, bleibst uns eine feste Burg. Unser Ruhm zerstäube; nur Jesus, Jesus, Jesus bleibe uns Ruhm und Kraft und Wissenschaft.«

»Unser Ruhm zerstäube«? Johann Gerhard Oncken ist zeitlebens, auch in der kritischen Phase des Alters, hoch verehrt und hoch eingeschätzt worden. Fast immer wird er in Briefen und Protokollen »der theure Bruder Oncken« genannt. Als er starb, gab es im deutschsprachigen Bund über dreißigtausend Baptisten – eine reiche Frucht gewissenhafter Bibellektüre. Wir erinnern uns an den kleinen Kreis 1829 in der Schuhmacherwerkstatt am Hamburger Hafen. Ein sichtbarer Segen, den Gott auf das Wagnis legte, die Aussagen der Schrift über die apostolischen Gemeinden in allem ernstzunehmen und mit der Wirkung desselben Heiligen Geistes damals wie heute zu rechnen. Ein Ergebnis auch einer unermüdlichen missionarischen Tätigkeit durch Bibel- und Traktat-Verbreitung. Nahezu fünfundzwanzig Millionen Schriften sind allein bis 1872 durch Onckens Traktatverein verteilt worden. Welche tiefgreifenden Wirkungen gingen von den Sonntagsschulen, von Taufe, Seelsorge und Ordnen des Gemeindelebens aus, trotz vieler Widerstände von außen und innen. Allein in der Hamburger Gemeinde hat Oncken selbst 1022 Gläubige getauft. Und oft war er auf Reisen, auch in ferne Länder. Manche sahen in ihm gar einen modernen »Apostel«. Wie hat er sich selbst und seine Arbeit eingeschätzt?

Drei Begebenheiten. Auf der Bundeskonferenz 1863 äußert ein schottischer Freund der Arbeit in Deutschland: »Schon vor zehn Jahren sagte mir jemand, daß Bruder Oncken mehr dem Apostel Paulus ähnlich sei, als irgendeiner, den er kenne.« Darauf unterbricht Oncken den Gast mit dem Satz: »Dann hat er den Apostel Paulus besser gekannt wie mich!«

Bei einem Verhör durch den Hamburger Polizeiherrn Binder, wohl 1840, hält Oncken ihm vor: »Herr Senator, Sie werden finden, daß alle Ihre Mühe und Arbeit (mit Gewalt die Bewegung zu unterdrük-

ÜBERSICHT.

	Zahl der Mitglieder Ende 1881	ZUNAHME Durch Taufe	Durch Zeugniss	Wiederaufnahme	Summa	ABNAHME Durch Tod	Abgereist	Zurückgezogen	Ausgeschlossen	Summa	Zahl der Mitglieder Ende 1882	Zahl der Stationen	Sonntagsschulen	Zahl der Lehrer	Zahl der Schüler	Zahl der verbreiteten Traktate	Bibeln u. Testamente	"Wahrheitszeugen"	"(grünen) Aten"	GELD-BEITRÄGE
Deutschland																				
1. Ostpreussische Vereinigung	5228	573	77	91	741	67	207	7	172	453	5516	301	45	109	1795	102413	951	566	171	42451
2. Preussische Vereinigung	4479	523	192	58	773	71	319	40	152	582	4670	321	61	154	2509	205347	6737	936	336	53069
3. Nordwestliche Vereinigung	3150	209	105	31	345	75	219	4	55	353	3143	207	38	97	1415	117695	5303	857	526	81160
4. Mittel- u. Süddeutsche Vereinigung	1091	104	36	19	159	14	73	4	14	105	1145	127	56	157	3076	26973	340	290	304	19436
5. Rheinische Vereinigung	2046	194	128	28	350	11	153	23	75	262	2134	127	56	15	120	14000	237	474	399	34939
6. Elb-Weser Vereinigung	474	46	5	2	53	2	37	1	5	45	482	38	13	12	235	—	120	94	48	8540
Oesterreich	353	139	21	5	165	2	1	—	38	41	477	121	18	25	477	20000	1398	108	60	7872
Dänemark	2204	153	33	10	196	42	118	5	46	211	2189	18	35	25	1154	12000	—	1	—	16504
Polnische Vereinigung	1746	208	55	32	295	16	146	—	2	164	1877	64	74	74	632	23362	1195	165	67	28602
Russisch-Türkische Vereinigung	3696	376	107	87	570	37	146	—	53	236	4030	169	35	76	947	8102	298	254	101	20011
Baltische Vereinigung	3626	394	120	105	619	31	59	—	234	324	3921	32	27	74	890	39343	762	54	2	44320
Afrika	625	40	21	19	80	15	16	—	72	103	602	27	4	6	120	—	—	40	28	29998
Australien	258	8	18	12	38	8	4	—	27	39	257	9	13	13	257	3500	70	29	14	5160
	28976	2967	918	499	4384	377	1492	84	945	2898	30442	1146	402	1582	16603	693785	22265	3888	2106	391662

Verlags-Kommission.

J. H. L. Pielstick, Vor dem Klosterthor 5, Hamburg. J. Jochimsen-Adolphstr., Altona. J. Wiehler, Reetz, Kreis Arnswalde. H. Berneike. Hinter Tragheim 9, Königsberg. C. A. Kemnitz, Templin.

Schul-Kommission.

Philipp Bickel, Vorsitzender, Hamburg. Borgfelde, Mittelweg 98. Ch. Rode, Sekretär, Altona, Allee 244. J. Braun, Schatzmeister, Hamburg, Ecke Böhmkenstrasse und Englische Planke. J. Köbner, Berlin, Melchiorstrasse 13. J. Lehmann, Eimsbüttel bei Hamburg, Eimsbütteler Chaussee 41.c. H. Liebig, Stettin, Johannisstrasse 4. C. Peters sen., Mielberg, Schleswig.

Bundes-Verwaltung.

J. Wiehler, Reetz. Philipp Bickel, Kassirer, Hamburg, Borgfelde, Mittelweg 98. J. Braun, Altona. J. Köbner, Berlin. J. Lehmann, Eimsbüttel bei Hamburg. C. Peters sen., Schleswig. J. H. L. Piel-

Englisch-Deutsche Missions-Komitee.

J. G. Oncken, Ehren-Präsident. J. H. L. Pielstick, Hamburg. Philipp Bickel, Hamburg. C. A. Hartung, Hamburg. J. Wiehler, Reetz. C. A. Kemnitz, Templin. H. Willms, Ihrhove. F. W. Liebig, Stuttgart.

Amerikanisch-Deutsche Missions-Komitee.

J. Braun, Altona. J. Köbner, Berlin. Fr. Oncken, Oldenburg. J. Lübeck, Allee 244, Altona.

Anmerkung.

Mittheilungen für die Verlags-Kommission sind an Philipp Bickel; für die Schul-Kommission an Ch. Rode; für die Bundes-Verwaltung an J. Wiehler zu richten. Gelder sind an die betreffenden Kassirer zu schicken.

Aus der »Statistik 1882 der vereinigten Gemeinden getaufter Christen in Deutschland, Dänemark, Holland, der Schweiz, Polen, Russland, der Türkei, Afrika und Australien«.

ken) vergeblich sein wird.« Binder antwortet: »Gut, dann wird es doch meine Schuld nicht sein, aber solange ich meinen kleinen Finger rühren kann, soll er gegen Sie in Bewegung bleiben.« Oncken entgegnet: »Herr Senator, ich glaube nicht, daß Sie sehen, was ich sehe; ich sehe nicht einen kleinen Finger, sondern einen großen Arm, und das ist der Arm Gottes. Solange dieser sich bewegen kann, werden Sie mich nicht zum Schweigen bringen.« – Binder selbst ist später ein guter Freund und Beschützer Onckens geworden.

In einem Grußwort vor der amerikanischen Missionsgesellschaft berichtet Oncken 1853 über das noch in den Anfängen stehende Werk und sagt, »es sei eine Freude, in einem solchen Werk begriffen zu sein. Da sei kein Luther, kein Calvin, und nur Gott allein könne die Ehre haben. Er habe das Verachtete vor der Welt erwählt und daß da nichts ist, das Er zu Schanden mache, was stark ist, und sich selbst allen Ruhm vorbehalte. Die schwachen Werkzeuge würden vergessen, aber Gott würde verherrlicht werden.«

Im Blick auf sein persönliches Leben aber vertraute Oncken den Wegen Gottes, so wie er es als Prediger anderen zugerufen hat. »Der Gang, den du zu gehen hast, ist Schritt für Schritt mit der größten Genauigkeit von Liebe und Weisheit vorgezeichnet. Gott führt dich so speziell und mit einem so zärtlichen, väterlichen Interesse, als ob er sonst niemand zu führen hätte als dich allein.«

Julius Köbner forderte die Bundeskonferenz 1857 auf: »Wir haben eine Geschichte, Brüder!, die von uns nicht vergessen werden darf, denn sie hat viele Gnadenwunder, unaussprechliche Segnungen aufzuweisen; sie muß uns allezeit zu Tränen der Anbetung Gottes bewegen. Er schuf und gestaltete uns; er verbreitete uns weit und ließ uns doch ein Herz behalten.«

Auf Onckens Grabstein finden den Dreiklang aus dem Epheserbrief: »Ein Herr, ein Glaube, eine Taufe« (4,5) und den Vers aus dem Neuen Testament, der schon im Glaubensbekenntnis von 1847 am häufigsten herangezogen wird und ein Stück weit das Selbstverständnis der deutschen Baptisten in der Zeit Onckens charakterisiert: »Sie blieben aber beständig in der Apostel Lehre und in der Gemeinschaft und im Brotbrechen und im Gebet. Apostelgeschichte II, 42.«

GLORIA DEI ET BONO PUBLICO * PRO

Zur Ehre Gottes und zum Wohl des Volkes, so steht es auf Onckens Siegel. Dieses Motto hat er selbst der Arbeit gegeben, in die ihn Gott gerufen hat. Es ist das Motto über seinem Leben geworden.

Onckens Grabstelle auf dem Ohlsdorfer Friedhof in Hamburg

Nachwort

Den Namen Johann Gerhard Oncken trägt nicht nur eine Straße in seiner Geburtsstadt Varel, sondern auch der von ihm 1828 begonnene Verlag. Er besteht heute aus der J.G Oncken Nachf. GmbH, dem Zeitschriften- und Kalenderverlag mit einer großen Versandbuchhandlung in Kassel, deren Eigentümer der Bund Evangelisch-Freikirchlicher Gemeinden ist, und dem Buchverlag J.G. Oncken Nachf. KG, der in Kooperation mit dem R. Brockhaus Verlag in Wuppertal geführt wird. Das Verlagshaus kann auf eine 150jährige Geschichte zurückblicken. Die Verbreitung der Bibel war in dieser Zeit immer das vornehmste Anliegen. Daneben stand und steht die Mission durch Schriften und Bücher, die die biblische Botschaft von Jesus Christus und seiner Gemeinde weitertragen und das Leben der Glaubenden fördern, Ziele, die das hier geschilderte Lebenswerk des Verlagsgründers ausmachen.

Dieses Buch erscheint zum Verlagsjubiläum. Sein Zweck ist nicht, gewissermaßen weitere »J.G. Oncken-Nachfolger« zu werben, nun im ideellen Sinne, sondern den Blick in die Richtung zu lenken, in die Oncken geschaut hat. »Gedenket an eure Lehrer, die euch das Wort Gottes gesagt haben; ihr Ende schauet an und folget ihrem Glauben nach: Jesus Christus gestern und heute und derselbe auch in Ewigkeit« (Hebräer 13,7.8).

Zur Abfassung des Textes und Zusammenstellung der Bilder standen mir nur wenige Wochen zur Verfügung. Dabei habe ich im wesentlichen auf Material zurückgreifen können, wie ich es in Lichtbildervorträgen bei verschiedenen Gelegenheiten verwendet habe. Die auch wissenschaftlichen Ansprüchen genügende umfangreiche Biographie von Hans Luckey liegt seit der Hundertjahrfeier der deutschen Baptisten 1934 vor und ist von mir immer wieder dankbar benutzt worden. Neue Akzente zu setzen, wie sie sich etwa aus meiner Sammlung antibaptistischer Schriften des 19. Jahrhunderts ergeben könnten, war mir noch nicht möglich. Die Verflechtung Onckens und der frühen deutschen Baptistengemeinden in die angloamerikanische und europäische Erweckungsbewegung tritt durch neuere Untersuchungen stärker hervor (Rott, Harms, Detzler u. a.) und läßt uns endgültig

Ein Predigtentwurf Onckens aus dem Jahr 1872 zu Hebräer 13,8

Abschied nehmen von der überzeichnenden Deutung Onckens als eines neuzeitlichen »Apostel Europas«. Oncken selbst hat sich so nie verstanden. Auch ist er nicht einmal der erste Baptist auf dem Kontinent gewesen, gab es doch vor der Gründung der Hamburger Gemeinde 1834 nicht nur dort bekanntermaßen einzelne Baptisten, sondern in Frankreich eine ältere, von amerikanischen Missionaren gegründete Gemeinde an der Atlantikküste, ganz abgesehen von den Anfängen des Baptismus überhaupt in Amsterdam 1609.

Worin liegt Onckens besondere geschichtliche Bedeutung? 1. Er hat seinem Jahrhundert durch eine ungewöhnlich wirksame Bibel- und Schriftenmission gedient; 2. er hat den von ihm gesammelten und geleiteten Baptistengemeinden die Heilige Schrift als Maßstab für Mission, Gemeinde und christliches Leben liebgemacht und sie 3. angehalten, »mehr und ernstlich zu beten um den Heiligen Geist und um die rechte Verbindung mit Christus«. Vieles hat sich in den 150 Jahren geändert, auch im Leben der Gemeinden, die geschichtlich von Oncken herkommen, nicht aber der verpflichtende Charakter dieser drei Leitlinien Johann Gerhard Onckens.

Reinbek, im März 1978   Günter Balders

Zeittafel 1800–1978

1800   Johann Gerhard Oncken in Varel (Oldenburg) geboren
1814   – 1823 Oncken in Schottland und England unter calvinisti-
       schem und independentistischem Einfluß
1820   Onckens Bekehrung in einer Londoner Methodistenkirche
1823   Oncken »Agent« der »Continental Society« – Erweckungs-
       versammlungen vor allem in Hamburg und Bremen
1825   Gründung der Sonntagsschule St. Georg zusammen mit Jo-
       hann Wilhelm Rautenberg (1791–1865)
1828   Oncken Hamburger Bürger, heiratet in London Sarah Mann
       »Agent« der Edinburger Bibelgesellschaft – Gründung einer
       Buchhandlung
1829   Oncken läßt sein erstes Kind nicht taufen
1834   Barnas Sears tauft am 22. April Oncken und sechs weitere
       Personen in der Elbe bei Hamburg
       23. April Gemeindegründung Englische Planke 7
1835   Oncken »Agent« der Triennial Convention (Boston)
1836   Julius Köbner (geb. 1806) stößt zur Gemeinde Hamburg
1837   Gottfried Wilhelm Lehmann (geb. 1799) in Berlin getauft –
       Gemeindegründung
1837   Erstes Glaubensbekenntnis der Evangelisch-taufgesinnten
       Gemeinde Hamburg
1843   »Glaubens-Bekenntnis der Baptisten-Gemeine in Berlin«
1844   – 1878 erscheint das »Missionsblatt«
1847   »Glaubensbekenntnis und Verfassung der Gemeinden getauf-
       ter Christen, gewöhnlich Baptisten genannt«
1848   Gründung der Preußischen Vereinigung
1849   Gründung des Bundes der vereinigten Gemeinden getaufter
       Christen und der Nordwestlichen, der Mittel- und Süddeut-
       schen sowie der Dänischen Vereinigung
1849   »Glaubensstimme der Gemeine des Herrn« durch Köbner
       herausgegeben
1849   Erster Missions-Kursus
1861   Erster Jahrgang des »Friedensboten«
1867   Missionskapelle in Hamburg (Böhmkenstraße)

Besuch von Charles Haddon Spurgeon (1834–1892)
1871 – 1876 »Hamburger Streit«
1878 Oncken-Verlag an den Bund übereignet, durch Philipp Bickel (1829–1914) reorganisiert
1879 – 1941 erscheint »Der Wahrheitszeuge«
1880 Predigerseminar eröffnet
1882 Tod G.W.Lehmanns in Berlin
1884 Tod Onckens in Zürich, in Hamburg beigesetzt
1884 Tod Köbners in Berlin
Der Bund umfaßt 165 Gemeinden mit 31 194 Mitgliedern
1887 Diakonissenmutterhaus Bethel in Berlin durch Eduard Scheve (1836–1909) gegründet
1888 Bund der Baptistengemeinden in Deutschland (engerer Bund)
1888 Bau des Predigerseminars in Hamburg-Horn
1891 Aussendung des ersten deutschsprachigen Missionars der Baptisten nach Kamerun, veranlaßt durch Scheve
1894 »Neue Glaubensstimme für die Gemeinden des Herrn« durch August Rauschenbusch (1816–1899) herausgegeben
1899 Oncken-Verlag nach Kassel verlegt
1899 Diakonissenmutterhaus Tabea in Hamburg
1907 Diakonissenmutterhaus Siloah in Hamburg (Albertinenhaus)
1907 . Erster Bundesevangelist angestellt
1908 1. Europäischer Baptisten-Kongreß in Berlin
1920 Hausmission (Neuruppin)
1922 Jugendbund der deutschen Baptistengemeinden
1924 Verfassung des Bundes geändert
1925 Beginn der Wagen- und Zeltmission
1926 Bundeshaus in Berlin
1927 Bundesfrauendienst
1930 Der Bund erhält Körperschaftsrechte
1933 Verfassungsänderung, 1936 teilweise wieder aufgehoben
1934 Weltkongreß der Baptisten in Berlin
1937 Gründung des Bundes freikirchlicher Christen (BfC) durch die Christliche Versammlung, anschließend Beitritt der Offenen Brüder zum BfC
1938 Anschluß der Elim-Gemeinden unter Führung von Heinrich Vietheer (1883–1968) an den Bund der Baptistengemeinden

1939   In 13 Vereinigungen 301 Gemeinden mit 844 »Stationen«
       80000 Mitglieder (ohne Reichsdeutsche), 1/3 in Ostpreußen
1941   Zusammenschluß der beiden Bünde zum Bund Evangelisch-
       Freikirchlicher Gemeinden in Deutschland
       Neue Verfassung
1942   Staatliche Anerkennung des neuen Bundes
1942   In 690 Gemeinden 120000 Mitglieder
1944   Glaubensbekenntnis des Bundes Evangelisch-Freikirchlicher
       Gemeinden
1945   – 1949 Lösung zahlreicher »Versammlungen« vom Bund
       Gründung eines Freien Brüderkreises
1946   Erster Jahrgang der Zeitschrift »Die Gemeinde«
1948   Bundeshaus nach Bad Homburg verlegt
1949   Jugendseminar in Hamburg gegründet
1949   Beginn der »Ruferarbeit«
1950   »Glaubensstimme für Gemeinde und Haus«
1954   Austritt der meisten Elim-Gemeinden in den Westzonen
1954   Gründung der Europäischen Baptistischen Missionsgesell-
       schaft (EBM)
1956   Missionarischer Berufstätigen-Ring (MBR)
1969   Konstituierung des Bundes Evangelisch-Freikirchlicher Ge-
       meinden in der DDR aus 224 Gemeinden
1970   Neugründung eines Oncken Verlages in Wuppertal als Buch-
       verlag neben der J.G.Oncken Nachf. GmbH in Kassel (Zeit-
       schriften, Kalender, Versandbuchhandlung)
1974   Neue Verfassung des Bundes verabschiedet
1977   »Rechenschaft vom Glauben« als neues Glaubensbekenntnis
1977   Einführung der »Gemeindebibelschule«, gemeinsam mit dem
       Bund Freier evangelischer Gemeinden
1978   »Gemeindelieder« erschienen, herausgegeben im Auftrag des
       Bundes Evangelisch-Freikirchlicher Gemeinden und des Bun-
       des Freier evangelischer Gemeinden

Literatur

Theodor Bächtold: Johann Gerhard Oncken and Baptist Beginnings in Switzerland. B.D. Treatise Rüschlikon 1970

Günter Balders: Der Bund Evangelisch-Freikirchlicher Gemeinden in Deutschland. In: Hans-Beat Motel, Glieder an einem Leib. Freikirchen in Selbstdarstellungen. Konstanz 1975, S. 95–133

Günter Balders: Die Gründung der ersten deutschen Baptistengemeinde. Die Gemeinde, Kassel 1975, Nr. 10

Günter Balders: Herausgefordert zum Bekenntnis. Bekenntnis und Wirklichkeit in der Geschichte unserer Gemeinden. Die Gemeinde, Kassel 1976 Nr. 27–32

Günter Balders: Werden und Wirkungen von Glaubensbekenntnissen. Wort und Tat 25. Kassel 1971, S.10–15

Ruth Baresel-Köbner: Julius Köbner. Sein Leben. Kassel 1930

Erich Beyreuther: Die Erweckungsbewegung. Die Kirche in ihrer Geschichte R 1. Göttingen 2. Auflage 1977

Hans Brandenburg: Christen im Schatten der Macht. Die Geschichte des Stundismus in Rußland. Wuppertal 1974

John Hunt Cooke: Johann Gerhard Oncken. His Life and Work. London (1908)

Georg Daur: Von Predigern und Bürgern. Eine hamburgische Kirchengeschichte von der Reformation bis zur Gegenwart. Hamburg 1970

Wayne Alan Detzler: British and American Contributions to the »Erweckung« in Germany, 1815–1848. Diss.theol. Manchester 1974

Rudolf Donat: Wie das Werk begann. Enstehung der deutschen Baptistengemeinden. Kassel 1958

Rudof Donat: Das wachsende Werk. Ausbreitung der deutschen Baptistengemeinden durch sechzig Jahre (1849 bis 1909). Kassel 1960

Theodor Dupreé: Ein Bahnbrecher für biblische Wahrheiten. Leben und Wirken von J.G.Oncken. Kassel 1900

Otto Ekelmann: Gnadenwunder. Geschichte der 1.ostpreußischen Baptistengemeinde (Memel) und ihrer Missionsfelder in Ostpreußen und Rußland. 1841–1928. Memel 1928

Carl August Flügge: Werdet Seelengewinner! 4.Auflage Kassel 1934, S. 107–113 »Vierzig Tage aus dem Leben J.G.Onckens« (Übersetzung des englischen Reisetagebuchs von 1841)

Geschichte der Gemeinde getaufter Christen – Baptisten genannt – in Hamburg. Eine Selbstdarstellung aus den Gründungsdokumenten der Missionskapelle Hamburg-Böhmkenstraße vom Jahre 1866. Die Gemeinde, Kassel 1974 Nr. 45–46

Waldemar Gutsche: Westliche Quellen des russischen Stundismus. Anfänge der evangelischen Bewegung in Rußland. Kassel 1956

Hartwig Harms: Hamburg und die Mission zu Beginn des 19. Jahrhunderts.

Kirchlich-missionarische Vereine von 1814 bis 1836. Arbeiten zur Kirchengeschichte Hamburgs 12. Hamburg 1973

Albert Hoefs: Philipp Bickel. Ein Führer der zweiten baptistischen Generation in Deutschland. Ein Beitrag zur Geschichte der deutschen Baptisten. Kassel 1936

Wilhelm Kahle: Evangelische Christen in der Sovetunion. Ivan Stepanovič Prochanov (1869–1935) und der Weg der Evangeliumschristen und Baptisten. Wuppertal 1978

Michael Klimenko: Anfänge des Baptismus in Südrußland (Ukraine) nach offiziellen Dokumenten. Diss.theol. Erlangen 1957

Julius Köbner: Um die Gemeinde. Ausgewählte Schriften (herausgegeben von Hermann Gieselbusch). Berlin 1927

Julius Köbner: Wasser aus dem Heilsbrunnen. Eine Sammlung von Predigten. Berlin 1906

Ingrid Lahrsen: Zwischen Erweckung und Rationalismus. Hudtwalcker und sein Kreis. Arbeiten zur Kirchengeschichte Hamburgs 3. Hamburg 1959

Hans Lehmann: Johann Wilhelm Rautenberg. Ein Beitrag zur Hamburgischen Kirchengeschichte und zur Geschichte der Erweckungsbewegung des 19. Jahrhunderts. Hamburg 1936

Joseph Lehmann: Geschichte der deutschen Baptisten I/II. Kassel 1896/1900

Hartmut Lenhard: Die Einheit der Kinder Gottes. Der Weg Hermann Heinrich Grafes (1818–1869) zwischen Brüderbewegung und Baptisten. Witten – Wuppertal 1977

Hartmut Lenhard: Studien zur Entwicklung der Ekklesiologie in den Freien evangelischen Gemeinden in Deutschland. Diss.theol. Bonn 1976

Hans Luckey: Hundert Jahre Evangelisch-Freikirchliche Gemeinde Hamburg-Altona I. 1871–1971. Hamburg 1971

Hans Luckey: Gottfried Wilhelm Lehmann und die Entstehung einer deutschen Freikirche. Kassel 1939

Hans Luckey: Johann Gerhard Oncken und die Anfänge des deutschen Baptismus. Kassel 1934. 3. Auflage 1958

Johann Gerhard Oncken: Licht und Recht. Eine Sammlung von Predigten und Reden. Kassel 1901

Kuno Reisinger: Kierkegaard und Köbner. Der Hilfsbote 48, Kassel 1938, S. 153–158

Willi Riemenschneider: Hundert Jahre Baptistengemeinde Hamburg-Böhmkenstraße. Hamburg 1934

Ludwig Rott: Die englischen Beziehungen der Erweckungsbewegung und die Anfänge des Wesleyanischen Methodismus in Deutschland. Beiträge zur Geschichte des Methodismus Beiheft 1. Frankfurt/Main 1968

Eduard Scheve: Dem Herrn hintennach sehen! Lebenserinnerungen I. Berlin 1908

William Lyle Wagner: Lessons from the Past for Missions in the Future: A study of growth patterns of the German-speaking Baptist Churches of Europe. Diss.theol. Pasadena 1977

Register

Sandgrube

ehemalige
Sternschanze

6

Grandgrube

Heiligengeist Feld

Exercir Platz

8

10

Kleine Ala

Gross neu
markt

4

2

5

9

1

Jonas
Hafen

Rummel
Hafen

Binnen Hafen

Fluth

NORDER

Kleiner

Hamburg 1834

1 Steinwärder, Ort der ersten Taufe am 22
   April 1834
2 Englisch-Reformierte Kirche am Johannisbollwerk
3 2. Vorsetzen
4 Böhmkenstraße
5 1. Neumannstraße
6 Reformierter Begräbnisplatz
7 Englische Planke Nr. 7
8 2. Marktstraße
9 Deichstraße
10 Stadthaus am Neuen Wall
11 Winserbaum
12 St. Georg

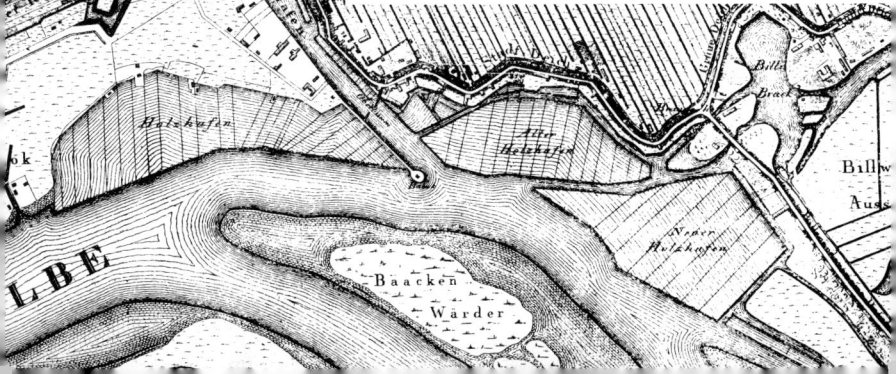

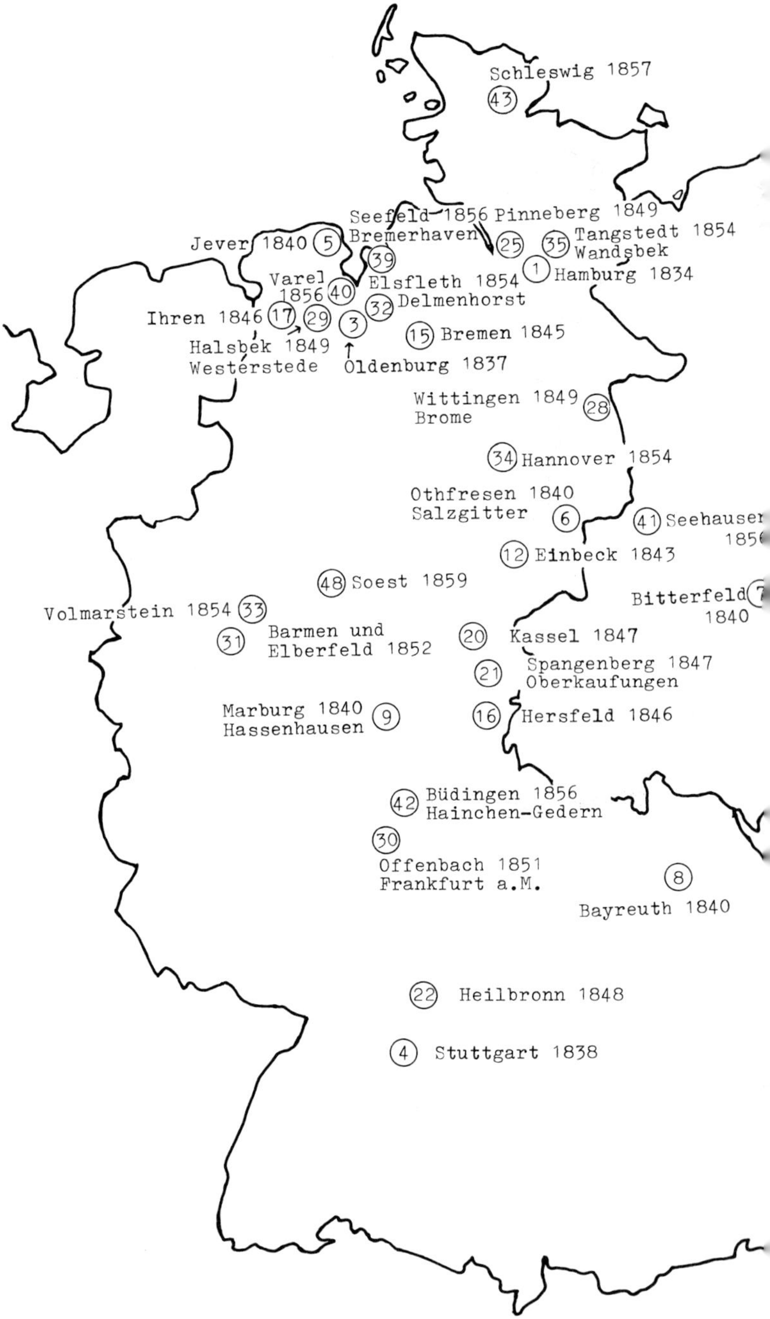
Schleswig 1857 (43)
Seefeld 1856 Pinneberg 1849
Jever 1840 (5) Bremerhaven (25) (35) Tangstedt 1854
Wandsbek
(39)
Varel 1856 (40) Elsfleth 1854 (1) Hamburg 1834
(32) Delmenhorst
Ihren 1846 (17) (29) (3)
(15) Bremen 1845
Halsbek 1849
Westerstede Oldenburg 1837
Wittingen 1849 (28)
Brome
(34) Hannover 1854
Othfresen 1840
Salzgitter (6)
(41) Seehausen 1856
(12) Einbeck 1843
(48) Soest 1859
Bitterfeld (7) 1840
Volmarstein 1854 (33)
(31) Barmen und Elberfeld 1852
(20) Kassel 1847
(21) Spangenberg 1847
Oberkaufungen
Marburg 1840 (9)
Hassenhausen
(16) Hersfeld 1846
(42) Büdingen 1856
Hainchen-Gedern
(30)
Offenbach 1851
Frankfurt a.M.
(8)
Bayreuth 1840
(22) Heilbronn 1848
(4) Stuttgart 1838

11 Memel 1841

36 Rossitten 1855

46 Pobethen 1859

44 Königsberg 1857

26 Stolzenberg 1849

Dirschau 1859
47

13 Elbing 1844

Rummelsburg 1841 10
Hammerstein u.a.

37 Goyden 1855

st 1848

19 Stettin 1846

38 Reetz 1856

Templin 1845

Berlin 1837

Breslau 1846

Liegnitz 1849 27

18

23 Voigtsdorf 1848

45 Güttmannsdorf 1858
Freiburg i.Schl.

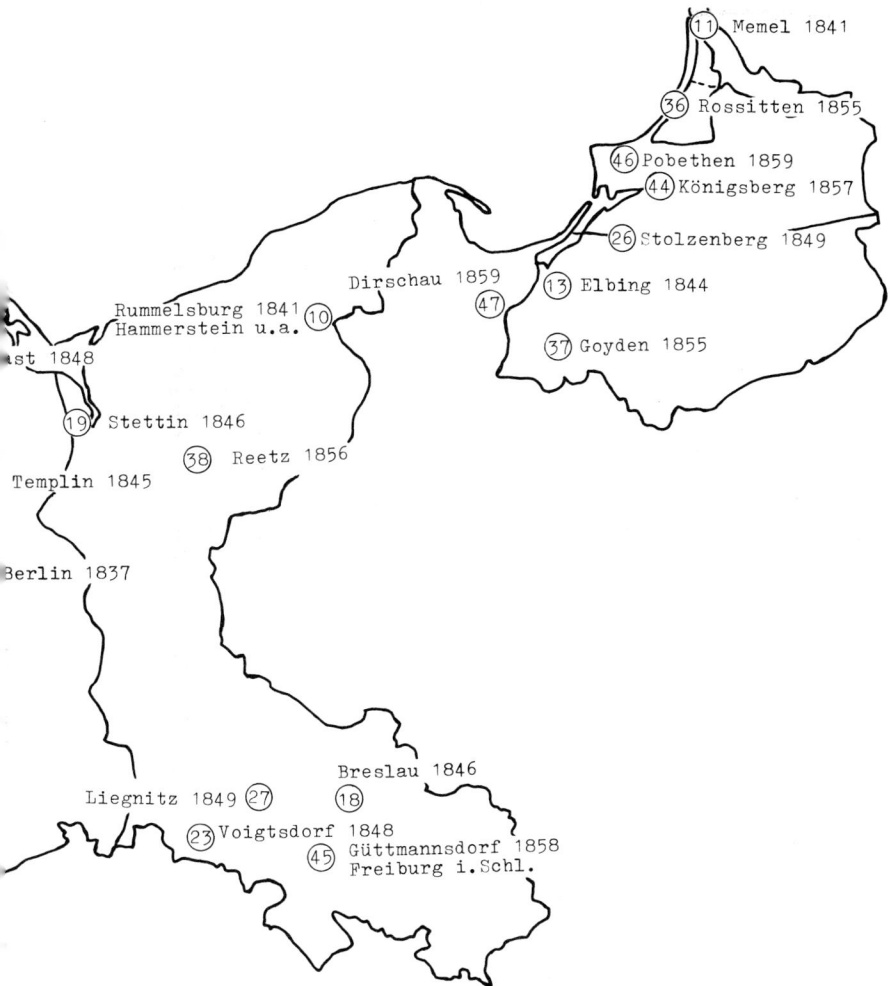

Deutsche Gemeinden 1834–1959

(vergleiche Seite 115)

Quellennachweis

Die Abbildungen auf den Seiten 11, 23, 24, 25, 26, 31, 41, 48, 83 wurden freundli-
cherweise vom Museum für Hamburgische Geschichte zur Verfügung gestellt.

Die Wiedergabe der Abbildungen auf den Seiten 49, 53, 59, 60, 61 erfolgt mit freundli-
cher Genehmigung des Staatsarchivs der Freien und Hansestadt Hamburg, in dessen
Besitz sich die Originale befinden.

Bild Seite 15 stammt von Christopher Bentley, 106 vom Bundes-Verlag Witten, 163
von Kaspar Schneiter.

Alle übrigen Abbildungen wurden nach Originalen des Oncken-Archivs Hamburg-
Horn hergestellt oder stammen vom Verfasser.

Die Briefe auf Seite 17, 18, 107–110 und 134f. übersetzte James Chapman.

Für das Oncken-Porträt auf dem vorderen Umschlag wurde eine Kohlezeichnung von
G. W. Lehmann aus dem Jahr 1842 nach einer Skizze von 1835 (s. Seite 35) verwen-
det. Der »Mitglied-Schein der Gemeinden getaufter Christen« auf der Rückseite mit
einer Zeichnung von G. W. Lehmann (s. Seite 51) ist mit dem Siegel »1TE BAPTI-
STEN GEMEINDE Hamburg« und dem Namenszug des Gemeinde-Ältesten J. G.
Oncken versehen.